以学生喜欢的方式学古诗

林志华 主编

上册

青岛出版社
QINGDAO PUBLISHING HOUSE

图书在版编目（CIP）数据

以学生喜欢的方式学古诗/林志华主编.—青岛:青岛出版社，2021.6
ISBN 978-7-5552-9648-5

Ⅰ.①以… Ⅱ.①林… Ⅲ.①古典诗歌－中国－小学－教学参考资料
Ⅳ.①G624.203

中国版本图书馆CIP数据核字（2020）第215410号

书　　名　以学生喜欢的方式学古诗
主　　编　林志华
出版发行　青岛出版社
社　　址　青岛市海尔路182号（266061）
本社网址　http://www.qdpub.com
邮购电话　18613853563　　0532-68068091
责任编辑　李文峰
特约编辑　郑丽丽
校　　对　邓　旭
装帧设计　蒋　晴
插　　画　一　树
照　　排　千　千
印　　刷　三河市良远印务有限公司
出版日期　2021年6月第1版　　2021年6月第1次印刷
开　　本　32开（880mm×1230mm）
印　　张　13
字　　数　150千
书　　号　ISBN 978-7-5552-9648-5
定　　价　49.80元（全2册）

编校印装质量、盗版监督服务电话 4006532017　0532—68068050
建议陈列类别：畅销·诗词教辅

目录

上 册

三年级·上

目录

六年级·上

一年级 · 上

咏鹅 yǒng é

[唐] 骆宾王 (táng luò bīn wáng)

é é é
鹅，鹅，鹅，

qū xiàng xiàng tiān gē
曲项①向天歌②。

bái máo fú lǜ shuǐ
白毛浮绿水，

hóng zhǎng bō qīng bō
红掌拨③清波。

注释

①曲项：弯着脖子。

②歌：长鸣。

③拨：划动。

诗词讲解

　　大白鹅啊大白鹅，脖颈弯弯，向着天空欢快地叫着。洁白的羽毛，漂浮在碧绿水面；红红的脚掌，拨动着清清水波。

 诗人简介

　　骆宾王（约638—？），唐文学家。字观光，婺州义乌（今浙江）人。

　　骆宾王自幼家境清贫，但在年少时因为他的聪明和才气赢得众人的赞扬，有"神童"的美誉。他曾担任过主簿、侍御史等官职。光宅元年（684），他在跟随徐敬业起兵讨伐武则天时，撰写了《为徐敬业讨武曌檄》。讨伐失败后，骆宾王下落不明，有人说他被乱军杀害了，也有人说他躲进寺庙念起了经文。

　　骆宾王与王勃、杨炯、卢照邻合称"初唐四杰"。这四个人写过很多脍炙人口的诗歌和文章，为唐代文学发展做出了杰出的贡献。其代表作品有《骆宾王文集》等。

诗词赏析

　　据说，《咏鹅》这首诗是骆宾王七岁时所写。这是一首咏物诗，并没有什么深刻的思想内涵和哲理。它之所以成为千古流传的佳作，是因为其朗朗上口，以清新欢快的语言，抓住事物（鹅）的突出特征来进行描写，写得自然、真切、传神。

　　第一句三个"鹅"字，是诗人对鹅的亲切呼唤，也可以理解为模仿鹅的叫声。第二句"曲项向天歌"。曲，弯曲。项，就是脖子。曲项，弯着脖子。这两句让人想象出，一个七岁的儿童在对鹅作诗，指着鹅说："鹅，鹅，鹅，弯曲着长长的脖子，朝着天空长鸣。"他一下子抓住鹅脖子长的特征，写出它欢叫时扬扬自得的神态。

第二句写鹅鸣叫的神态，给人以声声入耳之感。鹅的声音高亢嘹亮，一个"曲"字，把鹅仰头弯曲着脖子嘎嘎嘎地朝天长鸣的形象写得十分生动。这句先写所见，再写所听，极有层次。

以上是写鹅在陆地上行进的情形，下面两句则写鹅到水中悠然自得地游泳的情形。小诗人用一组对偶句，着重从色彩方面来铺叙鹅戏水的情况。鹅的毛是白的，而江水是绿的；同样，鹅掌是红的，而水波是清的。在这组对偶句中，动词的使用也恰到好处。"浮"字说明鹅在水中悠然自得。"拨"字则说明鹅在水中用力划水，掀起了水波。这样，动静相生，写出了一种变化美。

扫码听故事，回答问题：
1.《咏鹅》是骆宾王几岁时创作的？
2. 后人将"王羲之爱鹅"与什么事并称为"四爱"？

江南 (jiāng nán)

汉乐府 (hàn yuè fǔ)

江南可①采莲，莲叶何田田②，
(jiāng nán kě cǎi lián, lián yè hé tián tián,)

鱼戏莲叶间。鱼戏莲叶东，
(yú xì lián yè jiān. yú xì lián yè dōng,)

鱼戏莲叶西，鱼戏莲叶南，
(yú xì lián yè xī, yú xì lián yè nán,)

鱼戏莲叶北。
(yú xì lián yè běi.)

📝 **注释**

①可：在这里有"适宜""正好"的意思。

②田田：荷叶茂盛的样子。

诗词讲解 ● ● ● ● ● ● ● ● ● ● ● ● ● ●

　　江南又到了适宜采莲的季节，莲叶浮出水面，挨挨挤挤，重重叠叠，迎风招展。在茂密如盖的荷叶下面，欢快的鱼儿在不停地嬉戏玩耍。它们一会儿在这儿，一会儿又忽然游到了那儿，让人说不清究竟是在东边，是在西边，还是在南边，还是在北边。

 诗出处简介 ● ● ● ● ● ● ● ● ● ● ● ●

　　汉乐府作为一种诗体，最初是指汉朝初年采集诗歌并谱曲配乐以备演奏的官署，后来，汉惠帝时，有乐府令一官，可能当时已设有乐府。汉武帝时乐府规模扩大，成为一个专设的官署，掌管郊祀、巡行、朝会、宴飨时的音乐，兼管采集民间歌谣，以供统治者观风察俗，了解民情厚薄。这些采集来的歌谣和其他经乐府配曲入乐的诗歌，被后人称为乐府诗。

 诗词赏析 ● ● ● ● ● ● ● ● ● ● ● ● ● ●

　　这是一首汉代乐府民歌中的采莲歌，全诗没有一字一句直接描写采莲人采莲时的愉快心情，而是通过对莲叶和鱼儿的描绘，将它们的欢乐之情充分透露了出来，让读者仿佛听到和看见许多采莲男女的歌声和笑语声融成一片。

　　头两句是写采莲的人们望着露出水面的又大又圆的荷叶，心生无限喜悦，因而禁不住发出热烈的赞美。"可"在这里有适宜、正好的意思。"江南可采莲"是说江南到处都生长着莲，真是采莲的好地方。"田田"是形容莲叶圆润鲜碧的样子，形容莲叶饱满、挺立水面。"何田田"就是"何其田田"，是极度赞美的语气。这里只写叶，我们却可以联想到花。莲的花期为夏历五至七月，每朵花可开二至三天，每日清晨开放，下午三四点又逐渐闭合，翌晨再度开放，花开过二十天，人们可采收莲蓬生食，果实（莲子）的成熟期在七八月间。诗歌写莲叶茂密，莲花繁盛，不仅表明景色无比秀丽，还表明莲子必然丰收，采莲人心里自然非常高兴。

人们在采摘水上的莲蓬的时候，必然会看到水中的情景。"鱼戏莲叶间"写鱼在莲叶中间游来游去，宛如在游戏一般。"戏"字写鱼在水中的迅捷欢乐状态，非常形象。这里既在写鱼，也有以鱼比人意，采莲人划着小船在莲叶间穿行，互相追逐嬉戏，宛如鱼儿在水中游动，其划船动作之娴熟，船行之轻快，采莲人身姿之轻盈、心情之欢快，自然浮现在我们眼前。

这首诗只有七句，明白如话，而后四句又基本上是对第三句的重复。全诗一气呵成，但在结构上又可分为两个部分：前三句揭示题旨，后四句进一步展示采莲时的欢乐情景和广阔场面。而诗中第三句又在全诗中起着承上启下的作用，使上下相连，不着痕迹。全诗意境清新、开朗，寓情于景，景中寓人，如闻其声，如见其人，如临其境，使人感到美景如画，心旷神怡，呈现出一派生意盎然的景象。

扫码听故事，回答问题：

1. 这首诗的作者是叫汉乐府吗？
2. 藕是莲花的根吗？

huà

画

yuǎn kàn shān yǒu sè①
远　看　山　有　色 ，

jìn tīng shuǐ wú shēng
近　听　水　无　声 。

chūn qù huā hái zài
春　去　花　还　在 ，

rén lái niǎo bù jīng②
人　来　鸟　不　惊 。

注释

①色：颜色，也有景色之意。
②惊：吃惊，害怕。

以学生喜欢的方式学古诗

诗词讲解 ••••••••••••••••••••••••

从远处看，高山色彩明亮，走近一听，流动的水却没有声音。春天已经过去了，可是依旧有许多花草争奇斗艳，人都走到近处了，可是鸟依然不害怕。

 诗词赏析 ••••••••••••••••••••••••

这首诗描写的是自然景物，赞叹的却是一幅画。全诗内容读起来似乎行行违反自然规律，其实正是暗中设谜，写出了画的特点。

前两句写其山色分明，流水无声；后两句描述其花开四季，鸟不怕人。四句诗构成了一幅完整的山水花鸟图。

"远看山有色"，远山含笑，有色便是好山。何为有色？清秀俊朗红湿绿垂是色，寒色苍苍亦是佳色，奇傀峭拔也是异

色，只因距离产生美感，让人觉得这里有无限的风光。这是写"静境"。

"近听水无声"，源头活水本是动境，而"无声"二字又进入静境，和第一句并无矛盾之处。在动、静的取舍上诗人可以说是游刃有余。一切的妙处只是因为"无声"，无声是一种宁静的美。

"春去花还在，人来鸟不惊。"普通的花儿在春天那个最美的季节里尽情开放，美到极致后，飘然而去。但这里的花儿长开不谢，只因是在画中，鸟儿不惊，也是因为在画中。

全诗对仗工整，尤其是诗中多组反义词的运用，使其节奏清晰，韵味十足，读着朗朗上口。

扫码听故事，回答问题：

1.哪位宋代诗人评价"诗中有画，画中有诗"？
2.诗中提到的画曾治好过谁的病？

悯[①]农（其二）

[唐]李绅

锄禾[②]日当午，

汗滴禾下土。

谁知盘中餐[③]，

粒粒皆辛苦。

注释

①悯：怜悯。这里有同情的意思。

②禾：谷类植物的统称。

③餐：一作"飧"。熟食的通称。

诗词讲解 ••••••••••••••••••••••••

　　盛夏的中午，烈日炎炎，农民还在田里劳作，豆大的汗珠不断滴入泥土。有谁想到，我们碗中的米饭，粒粒饱含着农民的血汗？

诗人简介 ••••••••••••••••••••••••

　　李绅（772—846），唐诗人。字公垂，天锡（今江苏）人，官至宰相。

　　李绅六岁时丧父，随母亲迁居润州无锡。青年时期亲眼看到农民每天辛苦劳动却得不到温饱，李绅就以同情和愤慨的心情，写出了千古传诵的《悯农》诗。李绅元和元年（806）中进士，后历任淮南节度使、中书侍郎、尚书右仆射等职，会昌六年（846）在扬州逝世，年七十五，追赠太尉，谥号"文肃"。

　　李绅与元稹、白居易是好朋友，一生最闪光的部分在于诗歌，他还是在文学史上产生过巨大影响的新乐府运动的参与者。李绅著有《乐府新题》二十首，已散佚。《全唐诗》收录了他的《追昔游诗》三卷、《杂诗》一卷，现在编为四卷，其中《悯农》诗二首较有名。李绅另有《莺莺歌》，还保存在《西厢记诸宫调》中。

诗词赏析

　　这首诗描绘了在烈日当空的正午农民在田里劳作的景象，概括地表现了农民终年辛勤劳动的生活，最后以"谁知盘中餐，粒粒皆辛苦"这样近似蕴意深远的格言，表达了诗人对农民真挚的同情之心。

　　诗一开头就描绘在烈日当空的正午，农民依然在田里劳作，一滴滴的汗珠洒在灼热的土地上。这就补叙出由"一粒粟"到"万颗子"，到"四海无闲田"，乃是千千万万个农民用血汗浇灌成的；这也为下面"粒粒皆辛苦"提供了最富有典型意义的形象，可谓以一当十。前两句概括地表现了农民不避严寒酷暑、雨雪风霜，终年辛勤劳动的生活。

　　"谁知盘中餐，粒粒皆辛苦"不是空洞的说教，不是无病的呻吟；它近似蕴意深远的格言，但又不仅以说服力取胜，还因这一深沉的慨叹之中，凝聚了诗人无限的愤懑和真挚的同情。

　　诗人在阐明上述内容时，不是空洞抽象地叙说和议论，而是采用鲜明的形象和深刻的对比来揭露问题和说明道理，这就使人很容易接受和理解。

扫码听故事，回答问题：

　　1. 少年的李绅有个外号是什么？
　　2. 成语"司空见惯"出自《赠李司空妓》这首诗。写出这首诗的是哪个诗人？

古朗月行（节选）
gǔ lǎng yuè xíng （jié xuǎn）

[唐] 李白
táng lǐ bái

小 时 不 识 月，
xiǎo shí bù shí yuè

呼 作① 白 玉 盘②。
hū zuò bái yù pán

又 疑③ 瑶 台④ 镜，
yòu yí yáo tái jìng

飞 在 青 云 端。
fēi zài qīng yún duān

注释

① 呼作：称为。

② 白玉盘：指晶莹剔透的白盘子。

③ 疑：怀疑。

④ 瑶台：传说中神仙居住的地方。

诗词讲解 ••••••••••••••••••••••••••

　　小时候我不认识月亮，把它叫作白玉盘，又怀疑它是瑶台仙镜，飞在夜空青云之上。

 诗人简介 ••••••••••••••••••••••••••

　　李白（701—762），唐伟大的浪漫主义诗人。字太白，号青莲居士，又号"谪仙人"。祖籍陇西成纪（今甘肃秦安）人，出生于中亚碎叶（今吉尔吉斯斯坦托克马克）。被后人誉为"诗仙"，与杜甫并称为"李杜"，为了与另两位诗人李商隐与杜牧即"小李杜"区别，杜甫与李白又并称"大李杜"。

　　据《新唐书》记载，李白为兴圣皇帝（凉武昭王李暠）九世孙，与李唐诸王同宗。李白为人爽朗大方，喜欢饮酒作诗、交往朋友，有《李太白集》传世，诗作代表作有《望庐山瀑布》《行路难》《蜀道难》《将进酒》《明堂赋》《早发白帝城》等。他所作词赋，就开创意义及艺术成就而言，在文学史上享有极为崇高的地位。

诗词赏析 ••••••••••••••••••••••••••

　　这是一首乐府诗。"朗月行"是乐府古题。《古朗月行》全诗有十六句，课本中只节选了前四句。

　　整首诗中，诗人运用浪漫主义的创作方法，通过丰富的想象力，对神话传说的巧妙加工以及强烈的抒情，构成瑰丽神奇而含意深蕴的艺术形象。

　　课本节选的两句是诗歌的开头，写诗人儿童时期对月亮稚气的认识："小时不识月，呼作白玉盘。又疑瑶台镜，飞在青云端。"诗人以"白玉盘""瑶台镜"作比，生动地表现出月亮的形状和月光的皎洁，使人感到非常新颖有趣。"呼""疑"这两个动词，传达出儿童的天真烂漫之态。这四句诗，看似信手写来，却是情采俱佳。

　　诗中新颖奇妙的想象，行云流水的文辞，体现出李白诗歌清新俊逸的风格。

扫码听故事，回答问题：

1. 大诗人杜甫怎样评价李白？
2. 《古朗月行》全诗有几句？共多少行？

fēng
风

[唐] 李峤

解落三秋叶①，
能开二月②花。
过③江千尺浪，
入竹万竿斜④。

注释 📝

①解落：吹落，散落。解：解开，这里指吹。三秋：秋季，一说指农历九月。

②二月：农历二月，指春季。

③过：经过。

④斜：倾斜。

诗词讲解

它能吹落秋天金黄的树叶，能吹开春天美丽的鲜花。它刮过江面能掀起千尺巨浪，吹进竹林能使万竿竹子倾斜。

诗人简介

李峤（生卒年不详），唐诗人。字巨山，赵郡赞皇（今河北赞皇）人。

李峤对唐代律诗和歌行的发展有一定的推动作用与影响。他前与王勃、杨炯相接，又和杜审言、崔融、苏味道合称"文章四友"。他的诗绝大部分为五言近体，文辞优美。他与苏味道并称"苏李"，曾作《杂咏诗》一百二十首。

诗词赏析

李峤以"风"为题的组诗共有三首，此为其中一首。

全诗没有出现一个"风"字，也没有直接描写风之外部形态与外显特点，而是通过外物在风的作用下形态的改变去表现风之柔情与强悍。

"解落"，"解"字用得好。常言道"秋风扫落叶"，秋风之蛮横可见一斑。这里不用"扫""吹"，也不用"刮""剥"，就用一个"解"。"解"，是细心，是用心，是专心地去化解，不紧不慢，不狂不躁，让叶子怡然清爽地离开了树枝，找到了很好的归宿。风之柔情让人感动。"能开"，"开"是唤醒，是催生，是召唤，在寒冬中沉睡的花儿，在风的轻轻抚摸下，睁开惺忪的睡眼，伸伸懒腰，又将迎来一个美好的春天。风之温情让人舒坦。"解落"与"能开"，把风的温存柔情表现得淋漓尽致。

"过江千尺浪，入竹万竿斜"，风"过江"卷起"千尺浪"，风急浪高，直冲云霄，风之气力是何等强悍；风"入竹"引来"万竿斜"，风过竹伏，万般无奈，风之性情是何等潇洒。此处，风之强悍、风之强劲、风之强势、同之前风之温情、风之柔情、风之痴情形成强烈的反差。任何一种生命都有"喜怒哀乐"之表现，"风"也不例外。风的变幻莫测便是很好的例证。

综观本诗，诗人通过"叶""花""浪""竹"四样自然界物象在风力作用下的变化，让人真切地感受到风之魅力与威力。

扫码听故事，回答问题：

1. 杜审言是唐朝哪位大诗人的爷爷？
2. 叶圣陶爷爷都在哪里捉住了风？

一年级 · 下

春晓 chūn xiǎo

[唐] 孟浩然

春眠不觉晓①，
处处闻啼鸟②。
夜来风雨声，
花落知多少③。

注释

①不觉晓：不知不觉天就亮了。晓，天刚亮的时候。

②啼鸟：鸟的鸣叫声。

②知多少：不知有多少。

诗词讲解 •

　　春日里贪睡，一晚上睡得很香甜，不知不觉天就亮了，到处可以听见小鸟叽叽喳喳的鸣叫声。我回想昨夜的阵阵风雨声，不知风雨吹落了多少芳香的花朵。

 诗人简介 •

　　孟浩然（689—740），唐山水田园派诗人。名浩，字浩然，襄州襄阳（今湖北襄樊）人，世人称他"孟襄阳"。

　　孟浩然少年时崇尚气节、义气，喜欢帮助患难之中的人。四十岁时，他游览长安（今陕西西安），当朝皇帝唐玄宗让他作诗，他吟诵"不才明主弃"，表面说自己没有才能，实际包含自己有才华却没有被重用的抱怨，因此玄宗生气离开了。从此孟浩然与做官无缘，过上了隐居的生活，作诗两百多首。

　　孟浩然的诗虽不如王维的诗境界广阔，但在艺术上有独特的造诣，所以后人把孟浩然与王维并称为"王孟"。孟浩然有《孟浩然集》三卷传世。

 诗词赏析 •

　　《春晓》这首诗是孟浩然在鹿门山里生活的时候创作的，风格自然，十分优美。

　　诗人在写这首诗的时候没有直接描写眼前所见到的春天景色，而是通过春天的早晨自己一觉醒来后，那一瞬间听到的和感受到的，加上想象，写出了自己眼中的春天，表达了喜爱春天和热爱大自然的情感。

　　第一、第二句写诗人睡觉的香甜，天亮了也不知道，醒来之后满耳都是小鸟们的叫声。诗人只用了一句"处处闻啼鸟"，不仅表现出了充满活力的春天早晨的景象，还能让人们根据这句诗知道就是这些鸟儿的叫声把睡懒觉的诗人叫醒的。我们能够想到屋子外面已经是一片明媚的阳光、五颜六色的花朵，生机勃勃的春天景色就在眼前，可以体会到诗人对春天的赞美。

　　第三、第四句是诗人自己的想象：昨夜我在迷迷糊糊中听到一阵刮风下雨的声音，现在院子里面盛开的花儿经历了风吹雨打，掉落了多少呢？我们结合诗的第一、第二句，知道晚上的雨下得没有那么大，应该是和风细雨，因为它把诗人送入香甜的梦里，让春天的早晨变得生机勃勃，并不惹人讨厌。但它毕竟还是要让花儿落下一些，带走一点儿春天的时光，所以诗人的这句"花落知多少"表现了对春天时光流逝的可惜，让人们无限地回味和想象。

　　这首诗的语言浑然天成，人们一读就知道什么意思。全诗写法简单却含义丰富，诗人的感情是感受春天景物之后产生的，十分真实，就像是从诗人心灵深处流出的一股清泉，晶莹清澈，灌注着诗人的生命，流淌着诗人的思想。我们读了这首诗后，能在诗中感受到大自然的真正乐趣。

扫码听故事，回答问题：

　　1.孟浩然来到长安，探望的是哪位朋友？

　　2.孟浩然向往仕途，又才华横溢，为什么没有得到功名？

赠汪伦
zèng wāng lún

[唐] 李白
táng　lǐ　bái

李白乘舟将欲行，
lǐ bái chéng zhōu jiāng yù xíng

忽闻岸上踏歌①声。
hū wén àn shàng tà gē shēng

桃花潭水深千尺②，
táo huā tán shuǐ shēn qiān chǐ

不及③汪伦④送我情。
bù jí wāng lún sòng wǒ qíng

注释

①踏歌：唐代广为流行的民间歌舞形式，舞者一边唱歌，一边用脚踏地打拍子，可以边走边唱。

②深千尺：诗人用潭水深千尺比喻汪伦与他的友情，运用了夸张的手法。

③不及：不如。

④汪伦：李白的朋友。

诗词讲解

我乘上小船，刚要解开船上的缆绳出发，忽然听到岸上传来悠扬的踏歌的声音。即使桃花潭的水有千尺深，也不如汪伦特意来送我的情谊。

诗词赏析

这首诗是李白在泾县（今安徽皖南）游玩桃花潭时写给当地好友汪伦的一首送别诗。整首诗语言清新，想象奇特，虽然只有四句二十八字，却是大诗人李白诗篇中流传最广的佳作之一。

这首诗的第一、第二句描写的是送别的场面。"李白乘舟将欲行"是说诗人马上要乘船离开桃花潭了，这时语言不需要思考，脱口而出，表现出了诗人乘着兴致而来、兴致用光而返的潇洒神态。"忽闻岸上踏歌声"，"忽闻"两个字表明，汪伦到来是没有提前跟李白约定好的。人没到，声音却先传来，那热情爽朗的歌声，让李白一下猜到是汪伦赶来送行了。这样的送别，表现出李白和汪伦这两位朋友都是不被世俗约束、快乐自由的人。

　　诗的第三、第四句是表达诗人情感的。第三句"桃花潭水深千尺"呼应第一句，进一步说明诗人离开的地点在桃花潭。"深千尺"既描绘了潭水很深的特点，又为下一句埋下伏笔。桃花潭的水有千尺深，看到这样的场景，诗人想到了与好朋友汪伦的情谊就好像潭水一样深，水深与情深自然地联系起来。诗人情不自禁地感慨"不及汪伦送我情"，用友情很深和潭水深做比较的手法，形象地表达了诗人和汪伦之间的真挚纯洁的友谊。

　　诗人用"桃花潭水深千尺"做比较，让我们真切地感受到诗人和好友之间的深情厚谊，增加了诗的亲切感。另外，诗人还很善于站在对方的角度去思考这首诗的创作。好友汪伦是一位普通的农民，赠给他的诗，诗人就采用让汪伦也能听懂的方式，运用清新活泼而富于民歌色彩的语言。古人写诗的时候一般不会在诗中直接说名字，认为这样没有诗词的韵味。而这首诗诗人在第一句先写了自己的名字，又在最后一句提到了好友的名字，反而显得率真、亲切，表现了诗人和好友之间的深厚情谊，十分洒脱。

扫码听故事，回答问题：

　　1.这首诗表现了谁和谁之间的深厚情谊？

　　2.这首诗中描写两人深厚情谊的句子是哪一句？

jìng yè sī
静夜思①

[唐] 李白

chuáng qián míng yuè guāng
床 前 明 月 光，

yí② shì dì shàng shuāng
疑 是 地 上 霜。

jǔ tóu wàng③ míng yuè
举 头 望 明 月，

dī tóu sī gù xiāng
低 头 思 故 乡。

注释

①静夜思：静静的夜里产生的思绪。

②疑：好像。

③举头：抬头。

诗词讲解

　　明亮的月光透过床前的窗户，好像白霜一样凝结在地面上。我情不自禁地抬起头来，看向天空中的那一轮明月，低下头默默无言，想起了远方的家乡。

诗词赏析

　　这是一首思乡诗，写的是诗人在秋天寂静的月夜里思念家乡的感受。

　　第一、第二句，是写诗人独自在外，作为外来的客人，刹那间所产生的错觉。一个作客他乡的人，到了夜深人静的时候，心中难免思念家乡。在月光明亮的清冷秋夜，诗人更加思念家乡。月光是没有形状的东西，一般人们不好特意去看，如果特意去看，也就不会错将其当成霜。前两句写出了月光是在诗人不经意之间映入了他的眼帘的。"明"字还增加了夜晚的亮色。"疑是地上霜"中的"疑"字，生动地展现了诗人睡梦初醒，迷离恍惚中将床前的清冷月光当成了铺在地面的白霜的情景。"霜"字用得妙极了，冬天天冷的时候，玻璃上、地上会结出一层白白的冰晶，那就是霜。所以在诗里，一个"霜"字既形容了月光的皎洁，又表达了秋季的寒冷，更写出了诗人漂泊他乡的孤寂、凄凉的感情。

　　诗的第三、第四句，"举头望明月，低头思故乡"，主要表达了作者的情感。"望"字表明诗人已从刚才迷蒙的状态转为清醒的状态，他抬头凝望着月亮，情不自禁地想起此刻他的故乡也正处在这轮明月的照耀下。于是下句自然引出了"低头"

这一动作，表明诗人完全处于沉默的思考之中。"思"这个字留给人们丰富的想象，让人好奇诗人到底会思念家乡的什么。"疑""望""举头""低头"这些字词，形象地展现了诗人的内心活动，表达了诗人的思乡之情。

这是一首小诗，短短四句诗，没有华丽的语言，写得清新朴素。它的内容是单纯的，但同时又是丰富的。它是容易理解的，却又是让人回味无穷的。这四句诗十分自然，诗人看似没有刻意去写，诗中却句句有妙处。

扫码听故事，回答问题：

1."举头望明月"中"举"的意思是？

2.《静夜思》描写的是哪个季节夜晚的景色？

寻隐者^①不遇

xún yǐn zhě bú yù

[唐] 贾岛
táng jiǎ dǎo

松下问童子^②，
sōng xià wèn tóng zǐ

言师采药去。
yán shī cǎi yào qù

只在此山中，
zhǐ zài cǐ shān zhōng

云深^③不知处^④。
yún shēn bù zhī chù

注释

①隐者：隐士，隐居在山林中的人。古代指不肯做官而隐居在山野之间的人。一般指的是贤士。

②童子：没有成年的人，小孩。在这里是指"隐者"的弟子、学生。

③云深：指山上的云雾。

④处：行踪，所在。

诗词讲解

我在大松树下询问年少的童子："你的师父去哪里了？"他说："师父到山里采药去了，只知道在这座大山里，但是山中云深雾重，我也不知道师父在哪里。"

诗人简介

贾岛（779—843），唐诗人。字阆（làng）仙，人称"诗奴"，范阳幽都（今北京）人。与孟郊并称，有"郊寒岛瘦"之喻。他早年出家为僧，号无本，自号"碣石山人"。

据说因为当时有禁止和尚午后外出的命令，贾岛就作诗发牢骚，被韩愈发现有诗才。后来贾岛跟着韩愈学习，并放弃做和尚，还俗参加科举，但多次参加科举，成绩都不合格。

贾岛一生官途不顺，到老年的时候，因为受排挤，被贬官做了遂州长江县主簿，好不容易三年期满，升官做普州（今四川安岳县）司仓参军，结果还没上任就病死了。

因作诗刻苦认真，贾岛成为"苦吟诗人"的代表。有诗文集《长江集》。

 诗词赏析 •••••••••••••••••••••

这是一首五言绝句诗，除了第一句是贾岛问，其余三句都是童子的回答。这首诗歌的第一大特点就是将问话包含在答话之中，我们看到童子的回答就知道诗人究竟问了什么，这叫作"寓问于答"，这种诗歌被称作"问答诗"。完整的诗歌应该是：松下问童子，师往何处去？言师采药去。采药在何处？只在此山中。究竟在何处？云深不知处。明明是三问三答，贾岛却以问带答，将诗精简成一问三答的二十字。

这首诗歌的另一个特点就是在平实的语言中表现出诗人和隐者的感情。一般人访友，知道对方出去了，就会带着失落的心情回去了。但在这首诗中，知道隐者不在后，诗人没有放弃，而是继续询问，问的问题很多，但是写下来很简单。"松下问童子"时，诗人心情轻快，满怀希望；"言师采药去"，童子回答的和自己想的不一样，诗人一下变得很失望；"只在此山中"，诗人在失望中又萌生了一线希望；然而最后一答："云深不知处"，彻底浇灭了诗人所有的希望。三问三答，也让我们感受到了拜访者和受访者的深厚友情。

本诗第三个特点是诗歌暗含两条线索。一条是以"隐者"为主，从"采药去"到"此山中"，最后"不知处"，将隐者的踪迹写得虚虚实实，令人难以捉摸；另一条是诗人"寻隐者"时的感情起伏，从渴望到失望到有希望，最后希望彻底破灭，将诗人的心理活动详细地展现了出来。

扫码听故事，回答问题：

1.《寻隐者不遇》这首诗歌的写作手法是什么？

2.谁帮助贾岛推敲出了《题李凝幽居》中的第二句诗？

池上 chí shàng

[唐] 白居易

小娃撑小艇，
xiǎo wá chēng xiǎo tǐng

偷采白莲回。
tōu cǎi bái lián huí

不解藏踪迹①，
bù jiě cáng zōng jì

浮萍②一道开。
fú píng yí dào kāi

注释

①踪迹：指被小艇拨开的浮萍。

②浮萍：水生植物，椭圆形叶子浮在水面，叶下面有须根，夏季开白花。

诗词讲解 ••••••••••

　　小孩划着小船，偷偷地从池塘里采了白莲回来。小船划开浮萍，在水面上留下了一道痕迹。

 诗人简介 ••••••••••

　　白居易（772—846），唐伟大的现实主义诗人。字乐天，号香山居士，又号醉吟先生，祖籍太原（今山西），生于新郑县（今河南）。他提出"文章合为时而著，歌诗合为事而作"的观点。白居易与元稹共同倡导新乐府运动，主张诗歌创作不能离开现实，须取材于现实事件，反映时代的状况，世称"元白"。白居易与李白、杜甫一起被称作"唐代三大诗人"，晚年又与刘禹锡唱和甚多，被并称为"刘白"。

　　白居易诗歌题材广泛，形式多样，语言平易通俗，有"诗魔"和"诗王"之称。他曾任职翰林学士、左赞善大夫。846年，白居易在洛阳逝世，葬于香山，享年七十五岁，有《白氏长庆集》传世，代表诗作有《长恨歌》《卖炭翁》《琵琶行》等。

 诗词赏析 ••••••••••

　　提到白居易就不得不提到池子，白居易似乎对池子情有独钟，先后写了近三百首与池子有关的诗歌。而这首《池上》，语言平淡自然，像是诗人随口吟出，却让一个可爱的小孩的形象就这样出现在我们的眼前。

　　"小娃撑小艇，偷采白莲回。"作者抓住两个"小"字，既写出了孩童年龄小，也点出了小小的孩子只能划着小小的木船的现实；一个"偷"字，写出了小孩的顽皮、淘气，表明小娃是瞒着大人偷偷跑出来的。"撑""采""回"三个动词，让我们似乎看到了小小的孩童撑着长长的竹竿费力地划着小船前进的画面，这一连串的动作使得整个画面动起来了，变得更加鲜活。

"不解藏踪迹，浮萍一道开。""不解"就是不明白、不懂的意思。虽然小童"偷莲"似乎已经驾轻就熟，但毕竟还是年纪小，不懂得做"坏事"要隐藏自己的行踪。沉浸在喜悦之中的孩童得意忘形地划着装满了莲蓬的小船回家，却不知道铺在水面上的浮萍，被留下了长长的痕迹，暴露了他偷采莲的行动，让我们不禁被他的天真与快乐所感染。

白居易晚年得子，本来很高兴，结果儿子却在三岁的时候夭折了，所以白居易对小孩子总是充满了爱意。

炎炎夏日，一切都被晒得懒洋洋的午后，调皮、可爱的孩童更是让白居易爱意满满。

荷花池的静、孩童偷采莲的动，勾画出一幅动静结合的采莲图；偷采白莲的小心翼翼、满载而归的喜悦，孩童瞬间的心情也在这二十个字中被准确地捕捉到了。诗中有景有情，一件生活中的小事在诗人的笔下也变得充满趣味，富有童真童趣的孩童形象也跃然纸上。

扫码听故事，回答问题：

1.白居易的诗歌被称为"老妪能解"，因为他写完诗歌后会做什么？

2.白居易看到了什么之后作了这首诗？请你用自己的话说一说吧！

小 池
xiǎo chí

[宋] 杨万里
sòng yáng wàn lǐ

泉眼①无声惜②细流，
quán yǎn wú shēng xī xì liú

树阴照水③爱晴柔④。
shù yīn zhào shuǐ ài qíng róu

小荷才露尖尖角⑤，
xiǎo hé cái lù jiān jiān jiǎo

早有蜻蜓立上头。
zǎo yǒu qīng tíng lì shàng tóu

注释

①泉眼：泉水的出口。

②惜：吝惜。

③照水：映在水里。

④晴柔：晴天里柔和的风光。

⑤尖尖角：初出水面还没有舒展的荷叶尖端。

诗词讲解

　　泉眼静悄悄的，没有一点儿声音，是因为爱惜甘甜的泉水，舍不得多流一点儿。绿树让影子倒映在水面是因为喜爱晴天里柔和的风光。小荷叶才刚从水面露出尖尖的一角，就有一只小蜻蜓立在上头。

 诗人简介

　　杨万里（1127—1206），南宋著名诗人。字廷秀，号诚斋，吉水（今江西人），他与陆游、尤袤（mào）、范成大并称为"中兴四大诗人"。因为当时宋朝的皇帝宋光宗曾经为他亲笔书写"诚斋"二字，所以学者们称呼他为"诚斋先生"。

　　1154 年，杨万里参加科举考试，并成功考中进士。他曾担任国子博士、广东提点刑狱、太子侍读、秘书监等职，被封庐陵郡开国侯。1206 年，杨万里因病去世。

　　杨万里一生作诗两万多首，传世作品有四千二百首，被誉为一代诗宗。他的诗歌大多描写自然景物，创造了语言浅近明白、清新自然且富有幽默情趣的"诚斋体"。此外他也有不少反映民间疾苦、抒发爱国情感的作品，著有《诚斋集》等传世。

 诗词赏析

　　钱锺书先生曾经这样评价杨万里："他在努力与大自然重新建立嫡亲母子的骨肉关系。"这一评价最适合用在《小池》上：有细流流入的泉眼、荡漾在水中的绿树的倒影、几枝小小的荷叶、一只小小的蜻蜓，诗人触物起兴，通过新颖的想象和拟人手法，把大自然中极平常的细小事物写得相亲相依，如同互相疼惜的一家人。

这首诗描写了初夏时节小池优美的风光，从"小"处着眼，生动、细致地描摹出初夏小池中的新景象，充满无限生命力。

开头"泉眼无声惜细流，树阴照水爱晴柔"两句，描写的都是极其寻常的画面，但"惜"和"爱"字，却给了泉眼和绿树生命：泉眼好像很爱惜这股细流，舍不得它多流一点儿。诗句中的泉眼好像成了一位慈爱的母亲，无声无私地爱着自己的孩子"细流"；绿树似乎是喜欢这柔和的阳光，才把水当成镜子，愉快地欣赏着自己倒映在水中的倩影，无情的景色似乎也变得有情了。

第三、第四两句写池中一株小荷以及荷上的蜻蜓。初夏时节，初生的荷叶刚长出一个小角，嫩到伸不开，蜷成一个小卷儿，而路过的蜻蜓已经轻轻落在上面了。小荷与蜻蜓，一个"才露"，一个"早有"，两个词写出了它们相遇时间早且短。在作者细心、用心的观察下，蜻蜓与荷叶相依相偎，充满了爱。

阳光、绿荫、小荷、蜻蜓、泉水，从高到低，由远及近，画面层次丰富；流淌的细流、飞舞的蜻蜓、荡漾的池水，为整个画面又增添了动感，使得诗歌充满了诗情画意。

扫码听故事，回答问题：

1.杨万里被学者们称为什么？他的诗被称作什么？

2.《小池》都描写了哪些景物？这些景物是围绕题目的哪个字来写的？

画 鸡

[明] 唐寅

头上红冠不用裁①，
满身雪白走将来。
平生②不敢轻③言语④，
一⑤叫千门万户⑥开。

注释

①裁：裁剪，这里是制作的意思。

②平生：平素，平常。

③轻：随便，轻易。

④言语：这里指啼鸣，喻指说话、发表意见。

⑤一：一旦。

⑥千门万户：指众多的人家。

诗词讲解

　　它头上的红色冠子不是裁剪出的而是天生的，浑身披着雪白的羽毛，雄赳赳地走来走去。平素它从来不敢轻易鸣叫，一旦它鸣叫了，千家万户的门都打开了。

 诗人简介

　　唐寅（1470—1523），明著名画家、文学家。字伯虎，一字子畏，号六如居士、桃花庵主、鲁国唐生、逃禅仙吏等，吴县（今江苏苏州）人。据传他于明代成化六年庚寅年寅月寅日寅时生。他玩世不恭而又才华横溢，在诗文上与祝允明、文徵明、徐祯卿并称"江南四大才子（吴中四才子）"，画更著名，与沈周、文徵明、仇英并称"吴门四家"。

　　他作诗别具一格，不拘成法，多用口语，敢于突破格律限制，大胆表达真情实感。其为人不拘礼法，晚年尤其明显，这在他的诗里常有流露，他玩世出奇的故事在民间广为流传。其作品有《六如居士全集》。

 诗词赏析

　　《画鸡》是一首题画诗。

　　"头上红冠不用裁，满身雪白走将来"，描写的是公鸡的动作和神态。它头戴不需要剪裁的天然红冠，满身雪白，昂首挺胸地迎面走来显得非常有气势。诗人运用了动作和色彩的对比，描绘了一只冠红羽白、威风凛凛的大公鸡。

　　"将"在这里是助词。前两句从局部描写到全身描写，突出大公鸡头顶的红冠。第二句全是描写这是一只羽毛雪白的大公鸡，从局部描写到全身描写，白色羽毛和红冠形成鲜明对比，色彩明亮，突出公鸡的优美高洁的形象。

"平生不敢轻言语，一叫千门万户开"让人不禁想到有个成语叫金鸡报晓，意思是公鸡打鸣告诉人们天就要亮了。这个成语也表示吉祥向上，黑暗即将结束，黎明马上到来。古时候人们没有钟表，听见公鸡打鸣了，就知道天亮了，要开门迎接新的一天，所以千家万户都会把门打开。它是多么有权威呀！

第三、第四句运用了拟人的描写手法，第三句是对公鸡进行了心理描写，"不敢""一叫"用得非常贴切，将鸡形容得很低调。第四句则形象地描绘了雄鸡报晓的情景。这两句动静结合，产生强烈对比，让我们看到了公鸡的美德与权威。

这首诗描绘了公鸡的威武，写出了它的高洁，把鸡这种家禽的神态气质和报晓天性展现得淋漓尽致。它平时不多说话，但一说话大家都响应，诗人借此表达了自己的思想和抱负。从此诗还可看出诗人"不避口语"的写诗特点，全诗富有儿歌风味。

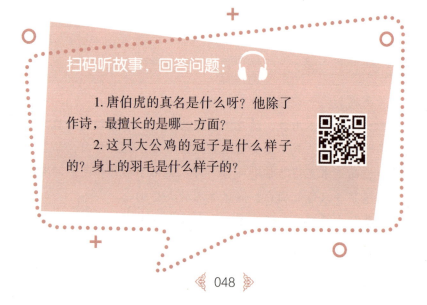

扫码听故事，回答问题：

1.唐伯虎的真名是什么呀？他除了作诗，最擅长的是哪一方面？

2.这只大公鸡的冠子是什么样子的？身上的羽毛是什么样子的？

二年级 · 上

梅花

[宋] 王安石

墙角数枝梅，
凌寒①独自开。
遥②知不是雪，
为③有暗香④来。

注释

①凌寒：冒着严寒。

②遥：远远地。

③为：因为。

④暗香：指梅花的幽香。

诗词讲解 ••••••••••••••

　　墙边的角落有几枝梅花，正冒着严寒独自开放。我远远地就知道这洁白的梅花并不是雪，因为有梅花淡淡的清香飘过来了。

 诗人简介 ••••••••••••••

　　王安石（1021—1086），北宋政治家、思想家、文学家、改革家。字介甫，号半山，抚州临川（今江西抚州）人。

　　王安石出生在一个小官吏家庭，小时候非常喜欢读书，记忆力强，受到了比较好的教育。他一生在南北各地做了几任州县官，为官经历颇丰。从熙宁三年（1070）起，王安石两度担任宰相，推行新法，于熙宁九年（1076）第二次辞去宰相职务，从此隐居，病死于江宁（今江苏南京）钟山，谥号"文"，又称王文公。王安石变法对北宋后期社会经济具有很深的影响，伟大革命导师列宁称誉王安石是"中国十一世纪伟大的改革家"。

　　王安石在文学上具有突出成就。他善于写散文，是"唐宋八大家"之一。他写诗的成就更在散文之上，他的诗语言精练而圆熟、意境清丽而含蓄。王安石著有《临川先生文集》，现存有《王临川集》《临川集拾遗》。

 诗词赏析 ••••••••••••••

　　"墙角数枝梅"，"墙角"是说"梅"生长在比较偏僻的地方，很难被别人看到，更不易被别人关注、欣赏，但它依然冒着严寒独自开放。这如同作者本人，身处恶劣环境，但他并没有放在心上，坚持己见。

"凌寒独自开"，"凌寒"在这里指冒着严寒、迎着风雪。"独自开"即默默地、孤独地盛开，意在告诉大家，梅花在非常恶劣的环境中，不怕寒冷，高洁、倔强、坚韧。此句写出了诗人坚持自我的信念。

"遥知不是雪"，"遥知"指远远地就知道，说明梅花的香味从很远的地方飘过来，味道淡淡的。但诗人还是发现了，说明诗人善于观察、善于发现。"不是雪"，意思是说远远望去十分纯净洁白，但大家知道它不是雪而是梅花。

"为有暗香来"，"暗香"是指梅花的香气，在这里是以梅花拟人，它冒着严寒独自开放，具有人一样的高贵品质；暗香沁人，象征王安石才华横溢。

这首诗意境深远，语句朴素自然，没有丝毫雕琢的痕迹。诗的前两句写墙角梅花不惧严寒，独自开放，后面两句写梅花洁白美丽，清香远溢，赞颂了梅花的风度和品格，这正是诗人自己性格的写照。梅花虽然孤独地在这个雪天开放，但是它既不会畏惧寒冷，也不会被雪覆盖，因为它有自己芳香的特质，这正和诗人一样。在北宋极端复杂和艰难的局面下，诗人积极改革，独自一人承受着反对派的打击，却仍然坚持自己的理想，没有随波逐流，他独立的品格就像梅花的暗香一样。

扫码听故事，回答问题：

1. "岁寒三友"是指哪三种植物？
2. 王安石有个外号叫什么？

小儿垂钓

[唐] 胡令能

蓬头①稚子②学垂纶③，

侧坐莓苔④草映身⑤。

路人借问遥招手，

怕得鱼惊不应人。

注释

①蓬头：头发蓬乱。形容小孩可爱。

②稚子：年龄小的、懵懂的孩子。

③垂纶：钓鱼。

④苔：苔藓植物。

⑤映：掩映。

诗词讲解

　　一个头发蓬乱、面孔稚嫩的小孩在河边学钓鱼，侧身坐在青苔上，绿草掩映着他的身影。听到有过路的人问路，小孩连忙远远地摆了摆手，不敢回应路人，生怕惊动了鱼儿。

诗人简介

　　胡令能（785—826），唐诗人。隐居圃田（今河南）。唐贞元、元和时期人。

　　胡令能家境贫寒，年轻时以修补锅碗盆缸为生，人称"胡钉铰"。他的诗语言浅显而构思精巧，生活情趣味很浓，现仅存七绝四首。传说他做梦梦到有仙人剖开了他的肚子，把一卷书放在了里面，之后他就会作诗了。他现存的四首诗，皆写得十分生动传神、精妙超凡。

诗词赏析

　　《小儿垂钓》是以儿童生活为题材的古诗，分垂钓和问路两部分内容，第一、第二句古诗主要写垂钓（写形），第三、第四句古诗主要写问路（传神）。

　　古诗的前两句，"稚子"是指小孩。"蓬头"写的是小孩的外貌，突出了小孩形象的幼稚顽皮，天真可爱。"纶"是钓丝，"垂纶"即题目中的"垂钓"，也就是钓鱼。诗人对这垂钓小孩的形貌不加修饰，将山野孩子头发蓬乱的本来面目生动形象地刻画出来，使人觉得自然可爱、真实可信。"学"是这首诗的诗眼。这个小孩子因为是初学钓鱼，所以特别小心认真。他在垂钓时，身体"侧坐"，草映其身，行为情景如在眼前。"侧坐"带有随意坐下的意思。此处用侧坐而非稳坐，正与小儿初学此道的心境相吻合。读者可以想见小儿不拘形迹地专心致志钓鱼的情景。"莓苔"泛指贴着地面生长在阴湿地方的低等植物，从"莓苔"我们可以知道小儿选择钓鱼的地方是阳光罕见、人迹罕到的所在，更是一个鱼不受惊、人不被暴晒的颇为理想的钓鱼去处，为后文所说"怕得鱼惊不应人"做了铺垫。"草映身"也不只是在为小儿画像，它在结构上，对下句的"路人借问"还有着直接的承接关系——路人之所以向小儿打听，就因为看得见小儿。

　　诗的后两句"遥招手"的主语还是小孩。当路人问路时，小孩害怕应答声惊跑了鱼儿，所以远远地就招手而不回答。这是从动作和心理方面来刻画小孩聪明机灵。小孩之所以要以动作来代替答话，是害怕把鱼惊散。小孩"遥招手"的动作，说明小孩对路人的问话并非漠不关心。

　　这首诗是专写儿童的，在唐诗中，这种题材的诗作比较少，因而显得非常可贵。诗中没有绚丽的色彩，没有刻意的雕饰，就似一枝清丽的出水芙蓉，在平淡浅易的叙述中透露出几分纯真、无限童趣和一些专注。这是一篇情景交融、形神兼备的描写儿童的佳作。

扫码听故事，回答问题：

　　1.人们还给胡令能起了个名字叫什么？
　　2.西晋时，有位著名文学家被称作"中国第一美男子"，他是谁？

dēng guàn què lóu
登鹳雀楼

[唐] 王之涣

白日^①依山尽，
黄河入海流。
欲^②穷^③千里目，
更^④上一层楼。

注释

①白日：太阳。

②欲：想要得到某种东西或达到某种目的的愿望，也有希望、想要的意思。

③穷：尽，使达到极点。

④更：再。

 **诗词讲解** ●●●●●●●●●●●●●●●●●●●●●●●●●●●●

夕阳依傍着山峦渐渐下落，滔滔黄河朝着大海汹涌奔流。若想把千里之外的风光也收入眼中，那就要登上更高的一层城楼。

 诗人简介 ●●●●●●●●●●●●●●●●●●●●●●●●●

王之涣（688—742），盛唐诗人。字季凌，晋阳（今山西太原）人，后徙绛州（今山西新绛）。他精于文章，并善于写诗，性格豪放，不拘小节，常常敲着剑吟唱悲伤的诗歌。他的诗大多被当时乐工谱上曲子当成歌来唱，在当时非常出名。他经常与高适、王昌龄等人一起吟诗作唱，以善于描写边塞风光而闻名，是浪漫主义诗人。他的代表作有《登鹳雀楼》《凉州词》等。

 诗词赏析 ●●●●●●●●●●●●●●●●●●●●●●●

《登鹳雀楼》这首诗写诗人在登高望远中表现出来的不凡的胸襟抱负，反映了盛唐时期人们积极向上的进取精神。

"白日依山尽"写远景，写山，写登楼望见的景色；"黄河入海流"写近景，写水，写景象壮观，气势磅礴；两句诗主要写的是诗人的所见。这里，诗人概括地把进入广大视野的万里河山，收入寥寥十个字中，而后人在千载之后读到这十个字时，也如临其地，如见其景，感到胸襟为之一开。

首句写诗人遥望一轮落日向着楼前一望无际、连绵起伏的群山西沉，在视野的尽头冉冉而没。次句写诗人目送流经楼前的黄河奔腾咆哮、滚滚南来，又在远处折而向东，流归大海。这是由地面望到天边，由近望到远，由西望到东。这两句诗合起来，就把上下、远近、东西的景物，全都容纳进画面之中，使画面显得特别宽广、特别辽远。

有一点需要注意，诗人身在鹳雀楼上，不可能望见黄河入海，句中写的是诗人目送黄河远去天边而产生的意中景，是把当前景与意中景融为一体的写法。这样写，更增加了画面的广度和深度。而称太阳为"白日"，这是写实的笔调。"黄河"也是写实。

"欲穷千里目"，主要写诗人所想，写诗人一种无止境探求的愿望，还想看得更远，看到目力所能达到的最远的地方，唯一的办法就是站得更高，即"更上一层楼"。从这后半首诗，我们可推知前半首写的可能并非诗人在最高层所见，而诗人还想进一步穷目力所及地看尽远方景物，于是登上了楼的顶层。诗人在收尾处用一"楼"字，也起了点题作用，说明这是一首登楼诗。

诗句看起来只是平铺直叙地写出了登楼的过程，但其含意深远，耐人寻味。"千里""一层"都是虚数，是诗人想象中纵横两方面的空间。"欲穷""更上"词语中包含了多少希望、多少憧憬。这两句诗发表议论，既别具匠心、出人意表，又与前两句写景诗承接得十分自然紧密，从而把诗篇推入更高的境界，向读者展示了更广阔的视野。也正因如此，这两句包含朴素哲理的议论，成了千古传诵的名句，也使得这首诗成为一首千古绝唱。

扫码听故事，回答问题：

1. 与鹳雀楼一起被誉为我国古代"四大名楼"的另外三座楼是哪三座？
2. 王之涣流传下来的诗作有几首？

wàng lú shān pù bù
望庐山瀑布

[唐] 李白

日照香炉①生紫烟②，

遥看③瀑布挂④前川⑤。

飞流直下三千尺⑥，

疑是银河⑦落九天。

061

注释

①香炉：指香炉峰。

②紫烟：指日光透过云雾，远望如紫色的烟云。

③遥看：从远处看。

④挂：悬挂。

⑤前川：一作"长川"。川，河流，这里指瀑布。

⑥三千尺：形容山高。这里是夸张的说法，不是实指。

⑦银河：古人指银河系构成的带状星群。

 诗词讲解 ●●●●●●●●●●●●●●●●●●●●

　　香炉峰在阳光的照射下生出紫色的烟霞，远远望去瀑布好似白练悬挂山前。从山崖上飞腾直落的瀑布好像有几千尺那么高，大概是银河从九天之上垂落到山崖间了吧。

 诗词赏析 ●●●●●●●●●●●●●●●●●●●●

　　这是诗人李白五十岁左右隐居庐山时写的一首风景诗。这首诗形象地描绘了庐山瀑布雄奇壮丽的景色，反映了诗人对祖国大好河山的无限热爱。

　　首句"日照香炉生紫烟"。"香炉"是指庐山的香炉峰。这座山峰在庐山山脉的西北，形状尖圆，像座香炉。一个"生"字把烟云冉冉上升的景象写活了。此句为瀑布设置了雄奇的背景，也为下文直接描写瀑布渲染了气氛。

　　次句"遥看瀑布挂前川"。"遥看瀑布"四字照应了题目《望庐山瀑布》。"挂前川"是说瀑布像一匹巨大的白练从悬崖直挂到前面的河流上。"挂"字化动为静，惟妙惟肖地写出了诗人眼中的瀑布。

诗的前两句从大处着笔，概写全景：山顶紫烟缭绕，山间白练悬挂，山下激流奔腾，构成一幅绚丽壮美的图景。

第三句"飞流直下三千尺"，一挥而就，字字铿锵有力。"飞"字，把瀑布喷涌而出的景象描绘得极为生动；"直下"，既写出山之高峻陡峭，又写出水流之急，那瀑布高空直落，势不可当之状如在眼前。

诗人犹嫌未足，接着又写上一句"疑是银河落九天"，真是神来之笔，惊人魂魄。"疑是"值得细味，诗人明明说得不确定，而读者也明知不是，但是又都觉得只有这样写，才更为生动、逼真，其奥妙就在于诗人前面的诗句中已经描绘了这一形象的特征。

这首诗极其成功地运用了比喻、夸张和想象，构思奇特，语言生动形象、洗练明快。苏东坡十分赞赏这首诗，说"帝遣银河一派垂，古来惟有谪仙词"。"谪仙"就是李白。《望庐山瀑布》的确是状物写景和抒情的范例。

扫码听故事，回答问题：

1. 庐山原名叫什么？
2. "李白之后，再无人敢作庐山瀑布诗。"这是谁的评说？

江雪 jiāng xuě

[唐] 柳宗元 táng liǔ zōng yuán

千山鸟飞绝①，
qiān shān niǎo fēi jué

万径②人踪③灭。
wàn jìng rén zōng miè

孤④舟蓑笠⑤翁，
gū zhōu suō lì wēng

独钓寒江雪。
dú diào hán jiāng xuě

注释

① 绝：无，没有。

② 万径：虚指，指千万条路。

③ 人踪：人的脚印。

④ 孤：孤零零。

⑤ 蓑笠：蓑衣和斗笠。笠，用竹篾编成的帽子。

诗词讲解

　　所有的山上，飞鸟的身影已经绝迹，所有道路上也都见不到人的踪迹。江面的孤舟上，一位披着蓑衣、戴着斗笠的老翁，独自在大雪覆盖的寒冷江面上垂钓。

 诗人简介

　　柳宗元（773—819），唐文学家、哲学家、散文家和思想家。字子厚，河东解（今山西运城西南）人，唐宋八大家之一，世称"柳河东""河东先生"，因官终柳州刺史，又称"柳柳州"。柳宗元与韩愈并称为"韩柳"，与刘禹锡并称"刘柳"，与王维、孟浩然、韦应物并称"王孟韦柳"。

　　柳宗元一生留下诗文作品达六百余篇，散文的成就大于诗。他的骈文有近百篇，散文论说性强，笔锋犀利，讽刺辛辣，游记写景状物，多所寄托。柳宗元著有《河东先生集》，诗歌代表作有《溪居》《江雪》《渔翁》。

 诗词赏析

　　这是一首五言绝句，大约作于诗人被贬居永州时期。

　　粗看起来，这像是一幅一目了然的山水画：冰天雪地的寒江，没有行人、飞鸟，只有一位老翁独处孤舟，默然垂钓。但仔细品味，这洁、静、寒凉的画面却是一种遗世独立、峻洁孤高的人生境界的象征。首先，它创造了峻洁清冷的艺术境界。单就诗的字面来看，"孤舟蓑笠翁"一句似乎是作者描绘的重心，占据了画面的中心地位。这位渔翁身披蓑衣、戴着斗笠独自坐在小舟上垂纶长钓。"孤"与"独"二字已经显示出他的远离尘世，甚至揭示出他清高脱俗、兀傲不群的个性特征。这里，作者采用烘托渲染的手法，极力描绘渔翁垂钓时的气候和景物，淡笔轻涂，只数语便点染出峻洁清冷的抒情气氛。

这首诗的艺术构思非常有特点，诗人运用了对比、衬托的手法：千山万径之广远衬托孤舟老翁之渺小；鸟绝人灭之空寂对比老翁垂钓之生趣；画面之安谧冷寂衬托人物心绪之涌动。孤处独立的老翁实际是诗人心情意绪的写照。诗中所写的景物是：座座山峰，看不见飞鸟的形影，条条小路上，也都没有人们的足迹。整个大地覆盖着茫茫白雪，一个穿着蓑衣、戴着笠帽的老渔翁，乘着一叶孤舟，在寒江上独自垂钓。看，这是一幅多么生动的寒江独钓图啊！

扫码听故事，回答问题：

1. 柳宗元被贬永州时寄居的寺庙叫什么？
2. 与柳宗元同中进士的好友是谁？

夜宿^①山寺
（yè sù shān sì）

[唐] 李白

危楼^②高百尺^③，
（wēi lóu gāo bǎi chǐ）

手可摘星辰^④。
（shǒu kě zhāi xīng chén）

不敢高声语^⑤，
（bù gǎn gāo shēng yǔ）

恐惊^⑥天上人。
（kǒng jīng tiān shàng rén）

注释

①宿：住，过夜。

②危楼：高楼，这里指山顶的寺庙。

③百尺：虚指，不是实数，这里形容楼很高。

④星辰：天上星星的统称。

⑤语：说话。

⑥恐：唯恐，害怕。惊：惊动。

 诗词讲解 ●●●●●●●●●●●●●●●●●●●●●●●●

　　山顶上的寺院好似有百丈之高，在那上边仿佛都可以摘下星星来。人们不敢高声说话，唯恐惊动了天上的仙人。

 诗词赏析 ●●●●●●●●●●●●●●●●●●●●●●●●

　　这首诗语言朴素自然，却十分生动形象。

　　第一句正面描绘寺楼的峻峭挺拔、高耸入云。发端一个"危"字，突兀醒目，与"高"字在同句中巧妙组合，确切、生动、形象地将山寺屹立山巅、雄视寰宇的非凡气势淋漓尽致地描摹出来了。

　　第二句运用极其夸张的写法来烘托山寺之高耸云霄。字字将读者的视线引向星汉灿烂的夜空，非但没有让人生出"高处不胜寒"的感慨，反给人旷阔感，以星夜的美丽引起人们对高耸入云的"危楼"的向往。

　　第三、第四句"不敢"写出了作者夜临"危楼"时的心理状态，从诗人"不敢"与"恐"的心理中，我们完全可以想象到"山寺"与"天上人"之间的距离之近，这样，山寺之高也就不言自明了。

　　诗人大胆发挥想象力，用夸张的艺术手法，描绘了山寺的高耸，给人以丰富的联想。山上的这座楼好像有一百尺高，人站在楼上就可以用手摘下月亮和星星。诗人不敢在楼上大声说话，恐怕惊动了天上的仙人。

扫码听故事，回答问题：

1. "天下诗文第一楼"指的是哪座楼？
2. 这首诗是李白在哪个时代写的？

敕勒歌
chì lè gē

北朝民歌
běi cháo mín gē

敕勒川①，阴山下，
chì lè chuān　　　yīn shān xià

天似穹庐②，
tiān sì qióng lú

笼盖四野。
lǒng gài sì yě

天苍苍③，野茫茫④，
tiān cāng cāng　　　yě máng máng

风吹草低见⑤牛羊。
fēng chuī cǎo dī xiàn niú yáng

注释

①敕勒川：川，平川、平原。敕勒族居住的地方，在现在的山西、内蒙古一带。北魏时期把今河套平原至土默川一带称为敕勒川。

②穹庐：用毡布搭成的帐篷，即蒙古包。

③天苍苍：天蓝蓝的。

④茫茫：辽阔无边的样子。

⑤见：同"现"，显现。

 诗词讲解

　　辽阔的敕勒平原就在千里阴山下，天空好像圆顶的帐篷，广阔无边，笼罩着四面的原野。天空蓝蓝的，原野辽阔无边。风儿吹过，牧草低伏，显露出原来隐没于草丛中的众多牛羊。

诗出处简介

　　北朝民歌产生于黄河流域，歌词的作者主要是鲜卑族的，也有氐、羌、汉族的人民。北朝的诗词歌赋有的是用汉语，有的是用北方少数民族的语言，后被译为汉语。北朝民歌主要是北魏以后用汉语记录的作品，大约是传入南朝后由乐府机关采集而存的，传世的有六十多首，以《敕勒歌》最为著名。歌词的主要内容，有的反映战争和北方人民的尚武精神（如《木兰诗》），有的反映人民的疾苦，有的反映婚姻爱情生活，有的描写北方特有的风光景色（如《敕勒歌》）。北朝民歌主要收录在《乐府诗集》中。

诗词赏析

　　这首民歌，勾勒出了北国草原壮丽富饶的风光，抒写了敕勒人热爱家乡、热爱生活的感情，境界开阔，音调雄壮，语言明白如话，艺术概括力极强。

"敕勒川，阴山下"，说出敕勒川的地理位置，给人以壮阔雄伟的印象。"天似穹庐，笼盖四野"，天空就像奇大无比的圆顶毡帐将整个大草原笼罩起来。"天苍苍，野茫茫"，天空是蔚蓝的颜色，草原无边无际，一片苍茫。

"敕勒川，阴山下"，这简洁的六个字，格调雄阔宏放，显示出敕勒民族雄强有力的性格。

"天似穹庐，笼盖四野"，这两句承上面的背景而来，极言画面之壮阔、天野之恢宏。同时，诗句抓住了这一民族生活的最典型的特征，以如橡之笔勾画了一幅北国风貌图。

诗的前六句写平川，写大山，写天空，写四野，涵盖上下四方，意境极其阔大恢宏。当我们读到末句——"风吹草低见牛羊"，境界便顿时改观。草原是牧民的家乡、牛羊的世界，但由于牧草过于丰茂，牛群、羊群通通隐没在那绿色的海洋里。只有当一阵清风吹过，草浪动荡起伏，在牧草低伏下去的地方，才有牛羊的身影闪现出来。那黄的牛、白的羊，东一群，西一群，忽隐忽现，到处都是。于是，画面由静态转为动态，由青苍一色变为多彩多姿，整个草原充满勃勃生机，连那穹庐似的天空也因之生色。因此，人们把这最后一句称为点睛之笔，对"吹""低""见"三个动作的主动者"风"倍加欣赏。

扫码听故事，回答问题：

1. 故事中，在战争中去世的东魏豪杰叫什么名字？

2. "高车族"指的是哪个民族？

二年级·下

村 居①

[清] 高 鼎^{dǐng}

草 长 莺^{yīng} 飞 二 月 天，

拂^{fú} 堤^{dī} 杨 柳^{liǔ}② 醉^{zuì}③ 春 烟④。

儿 童 散 学 归 来 早，

忙 趁 东 风 放 纸 鸢^{yuān}⑤。

注释

①村居：在乡村里居住时见到的景象。

②拂堤杨柳：枝条垂下，轻拂堤岸的杨柳。

③醉：迷醉，陶醉。

④春烟：春天水泽、草木间蒸发出的烟雾般的水汽。

⑤纸鸢：泛指风筝，是一种纸做的形状像老鹰的风筝。

诗词讲解 ••••••••••••••••••••••••••••

　　阳春二月时节，草木发芽生长，鸟儿飞来飞去，轻拂堤岸的杨柳沉醉在春天的烟霭里。村里的孩子们放学后早早地回家了，赶紧趁着东风把风筝放上蓝天。

诗人简介 ••••••••••••••••••••••••••••

　　高鼎（1828—1880），清末诗人。字象一，另外一个字拙吾，仁和（今浙江杭州）人。高鼎生活在鸦片战争的年代，没有什么重大事迹，一般人们提到他，只会想起他写了一首有名的有关放风筝的《村居》诗。他的著作有《拙吾诗文稿》等。

诗词赏析 ••••••••••••••••••••

　　《村居》是诗人闲居农村时的即景之作，是一首描绘春天风光的小诗。它描写出了春天孩子们在村旁的草地上放风筝的情景，生动地写出了春天农村特有的迷人景色。读了这首诗，我们仿佛跟随诗人一起饱览了美丽春景，一同分享了孩子们放风筝时的欢乐。

　　第一、第二句写时间和自然景物，具体生动地描写了春天里的大自然，写出了春日农村特有的明媚、迷人的景色。农历二三月间，正是一年中最美丽的季节，早春二月，小草长出了嫩绿的芽儿，黄莺在天上飞着，欢快地歌唱。堤旁的杨柳长长的枝条轻轻地拂着堤岸，仿佛在春天的烟雾里醉得直摇晃。"草长莺飞"四个字，把春天的一切景物都写活了，人们仿佛感受到那种万物复苏、欣欣向荣的气氛，人们的眼前也好像跳动着春的脉搏。"拂堤杨柳醉春烟"，村子原野上的杨柳，枝条柔软而细长，轻轻地拂扫着堤岸。春日的大地艳阳高照，烟雾迷蒙，微风中杨柳左右摇摆。诗人用了一个"醉"字，写活了杨柳的娇姿，写活了杨柳的柔态，写活了杨柳的神韵。

　　第三、第四句写的是人物活动，描述了一群活泼的儿童在大好的春光里放风筝的生动情景。孩子们放学回来得早，趁着刮起的东风放起了风筝。他们的欢声笑语使春天更加富有朝气。儿童、东风、纸鸢，诗人选写的人和事为美好的春光平添了几分生机和希望。

全诗前半部分写景，后半部分写人；前半部分基本上是写静态，后半部分则添加了一个动态画面。结尾两句由上两句的物而写到人，把早春的迷人与醉人渲染得淋漓尽致，物态人事互相映衬，动态静态彼此补充，使全诗在诗人村居所见的"春"景这一主题下，完美和谐地得到了统一。

扫码听故事，回答问题：

1. "风筝"一词的由来是什么？
2. 中国哪座城市被称为"风筝之都"？

咏 柳
yǒng

[唐] 贺知章
táng *hè* *zhāng*

碧 玉① 妆② 成 一 树③ 高 ，
　　　zhuāng

万 条 垂 下 绿 丝 绦④ 。
　　chuí　　　*sī* *tāo*

不 知 细 叶 谁 裁⑤ 出 ，
　　　　　　cái

二 月 春 风 似⑥ 剪 刀 。
　　　　　jiǎn

注释

①碧玉：碧绿色的玉。这里用以比喻春天嫩绿的柳叶。

②妆：装饰，打扮。

③一树：满树。一，满，全。在中国古典诗词和文章中，数量词在使用中并不一定表示确切的数量。

④绦：用丝编成的绳带。这里指像丝带一样的柳条。
⑤裁：裁剪。
⑥似：如同，好像。

 诗词讲解

　　高高的柳树长满了翠绿的新叶，看上去好像用碧玉装扮的，轻垂的柳条就像无数条飘动的绿色丝带。这细细的嫩叶是谁的巧手裁剪出来的呢？原来是二月春风这把神奇的剪刀裁出来的。

 诗人简介

　　贺知章（659—约744），唐著名诗人、书法家。字季真，晚年自号"四明狂客"，越州永兴（今浙江萧山区西）人。

　　贺知章年轻时就以诗文声名远播，武则天证圣元年（695）中乙未科状元，被授予国子四门博士，迁太常博士。后历任礼部侍郎、秘书监、太子宾客等职。其为人旷达不羁，有"清谈风流"之誉，到了晚年尤其放纵，自号"四明狂客""秘书外监"，八十六岁告老还乡，不久就去世了。贺知章属于盛唐前期诗人，又是著名书法家，与张若虚、张旭、包融并称"吴中四士"。

　　贺知章诗文以绝句见长，除祭神乐章、应制诗外，其写景、抒怀之作风格独特，清新潇洒，著名的《咏柳》《回乡偶书》两首脍炙人口，千古传诵。其作品大多散佚，现在还存下十九首，录于《全唐诗》。

诗词赏析

　　《咏柳》是一首咏物诗，写的是早春二月的杨柳。

　　诗的前两句运用了比喻的修辞手法，描绘出柳树的静态美。首句"碧玉妆成一树高"是写整体，说高高的柳树像是碧玉装饰成的。诗人用"碧玉"形容柳树的翠绿晶莹，突出它的颜色美。第二句"万条垂下绿丝绦"是写柳枝，说下垂披拂的柳枝犹如万千条丝带，突出它的轻柔美。

　　诗的第三句和第四句运用了自问自答的形式。"不知细叶谁裁出"（自问）是写柳叶，突出柳叶精巧细致的形态美。"二月春风似剪刀"（自答）是在赞美春天。这样一问一答，既赞美了柳叶，又歌颂了绿色带来的春天，由柳树巧妙地过渡到春风。

　　春风能裁出这些细巧的柳叶，当然也能裁出嫩绿鲜红的花花草草，它是自然活力的象征，是春的创造力的象征。这首诗通过描绘刚刚发出新芽的柳树的美丽姿态，表达了诗人对春天和大自然的喜爱之情，同时赞美春天，讴歌春的无限创造力。

扫码听故事，回答问题：

　　1.李白是诗仙，杜甫是诗圣，你知道人们称贺知章为什么吗？

　　2."金龟换酒"的典故说的是哪两个人的事？

赋得古原草送别（节选）

[唐] 白居易

离离①原上草，

一岁一枯②荣③。

野火烧不尽，

春风吹又生。

注释

①离离：青草茂盛的样子。

②枯：枯萎。

③荣：茂盛。

 **诗词讲解**

原野上长满茂盛的青草，每年都会经历从枯萎到繁茂的过程。野火无法烧尽满地的野草，春风吹来大地又是一片绿意葱茏。

 诗词赏析

《赋得古原草送别》是一首送别友人的诗篇，是白居易十六岁时考试写的。"赋得"二字表示这是一首命题诗，这首诗正是白居易为科举考试准备的一篇作文练习。此诗写作方法与咏物诗类似，通过对古原上野草的描绘，抒发送别友人时的依依惜别之情。

诗的第一句"离离原上草"，紧扣题目"古原草"三字，"离离"是茂盛的意思，古原上的草太茂盛了，诗人抚摸了一下小草的脑袋，却意外发现了小草的枯根，真是"一岁一枯荣"。

第二句"一岁一枯荣"中的"荣"还是茂盛的意思。冬天，小草枯萎，而春天一到又会茂盛起来，此句写出原上野草冬枯春荣、岁岁循环、生生不已的规律。

第三、第四句歌颂了野草顽强的生命力，"野火烧不尽，春风吹又生"，一句写"枯"，一句写"荣"，是"枯荣"二字意思的发挥，不管烈火怎样无情地焚烧，只要春风一吹，又是遍地青青的野草。野火的强大、春风的温润强劲、春草的顽强坚韧，作者仅用十个字就精练地表现了出来，从而使这两句诗成了寓意深刻、极富哲理的名句。

这首诗不仅歌颂了春草的自强不息，更是让看不见的离别之情变得形象具体，就像这"野火烧不尽，春风吹又生"的原上之草，离别之情也不会消失。

扫码听故事，回答问题：🎧

1. 白居易出生在黄帝故里。你知道黄帝故里是哪里吗？

2. "略识之无"这个成语是什么意思呀？

晓^①出净慈寺送林子方^②

[宋] 杨万里

毕 竟^③西 湖 六 月 中，

风 光 不 与 四 时^④同 。

接 天 莲 叶 无 穷^⑤碧 ，

映 日 荷 花 别 样^⑥红 。

注释

①晓：太阳刚刚升起。

②林子方：作者的朋友，官居直阁秘书。

③毕竟：到底。

④四时：春夏秋冬四个季节。在这里指六月以外的其他时节。

⑤无穷：无边无际。

⑥别样：宋代俗语，特别，不一样。"别样红"指红得特别出色。

诗词讲解 ••••••••••••••••••••••••••

到底是西湖六月天的美景，风光与其他季节确实不相同。荷叶接到天边一片碧绿望不到尽头，阳光映衬下的荷花分外艳丽鲜红。

诗词赏析 ••••••••••••••••••••••••••

咱们中国的西湖美景一直是文人墨客喜爱和描绘的对象，大诗人杨万里的这首诗就以其独特的手法流传千古，非常耐人寻味。

"毕竟西湖六月中，风光不与四时同"造句大气，虽然读者还没有从诗中领略到西湖的美景，但已经能从诗人赞叹的语气中感受到了。诗句就如同脱口而出，是诗人惊喜之余最直观的感受，因而更强化了西湖之美。接下来，"接天莲叶无穷碧，映日荷花别样红"，诗人用一碧一红两种色彩特别突出了莲叶与荷花给人的视觉所带来的强烈冲击，莲叶无边无际仿佛与天相接，非常壮观，既写出莲叶的无边无际，又渲染了天地的壮阔，给人丰富的空间感。太阳与荷花相互映衬，又使整幅画面绚烂生动。全诗诗意很简单，过人之处就在于先写感受，再写实景，从而造成一种先虚后实的效果，读过之后，我们确实能感受到六月西湖"不与四时同"的美丽风光。

在六月的西湖边，诗人停步送别朋友林子方，通过对西湖美景的高度赞美，曲折地表达对友人深深的友情。诗人开篇就说毕竟六月的西湖，风光不与其他季节相同，这两句朴实无华，说明六月西湖与其他季节不同的风光是令人留恋的。接着，诗人用充满强烈色彩对比的句子，给读者描绘出一幅大红大绿、精彩绚烂的画面：翠绿的莲叶一直铺到天边，使人感到置身无穷的碧绿之中；而那姣美的荷花，在骄阳的映照下，显得格外艳丽。看似平平淡淡的笔墨，却给读者呈现了令人回味的艺术境地。

扫码听故事，回答问题：

1.《晓出净慈寺送林子方》这首诗描写的是哪座城市的美景？

2.诗人写这首诗的目的是什么？

绝句 (jué)

[唐 (táng)] 杜甫 (fǔ)

两个黄鹂 (lí) 鸣 (míng) 翠柳，

一行 (háng) 白鹭 (lù) 上青天。

窗含 (hán) 西岭 (lǐng)①千秋雪②，

门泊 (bó)③东吴④万里船⑤。

注释

①西岭：西岭雪山。

②千秋雪：指西岭雪山上千年不化的积雪。

③泊：停泊。

④东吴：古时候吴国的领地，今江苏省一带。

⑤万里船：不远万里开来的船只。

 **诗词讲解** •••••••••••••••••

　　两只黄鹂在翠绿的柳树间鸣叫，一行白鹭冲向那蔚蓝的天空。我坐在窗前看见西岭千年不化的积雪，门口停泊着从东吴不远万里开来的船只。

诗人简介 ••••••••••••••••••••••••

　　杜甫（712—770），唐伟大的现实主义诗人。字子美，自号少陵野老，祖籍襄阳（今湖北襄樊），其祖后迁居巩县（今河南巩义西南），与李白并称"李杜"。为了与另两位诗人李商隐与杜牧即"小李杜"区别，杜甫与李白又并称"大李杜"，杜甫也常被称为"老杜"。

　　杜甫的诗大胆揭露当时的社会矛盾，对穷苦人民寄予深切同情，内容深刻。他的许多优秀作品显示了唐代由盛转衰的历史过程，因此被称为"诗史"。在艺术上，杜甫善于运用各种诗歌形式，尤其擅长律诗；风格多样，而以沉郁为主；语言精练，具有极佳的表达能力。后世称其杜拾遗、杜工部，也称他杜少陵、杜草堂。杜甫存诗一千四百多首，有《杜工部集》《春望》《北征》以及"三吏""三别"等名作。

诗词赏析 ••••••••••••••••••••••••

　　诗画是相通的，画是有形的诗，诗是无形的画。唐代是我国诗画艺术交融的一个重要时期。杜甫作为一代诗圣，他的入画诗名气非常大。苏轼就曾用"少陵翰墨无形画"赞美杜甫的题画诗。这首绝句，的的确确像是一幅美妙的山水画呈现在读者面前。在这画面的中心，是几棵葱翠的垂柳，黄莺在枝头婉转歌唱。画面的上半部是青蓝青蓝的天，一队白鹭飞向碧空。远处高山上是常年不化的积雪，近处水面停泊着从远方东吴来的船只。在颜色上，作者把两笔鹅黄点染在一片翠绿之中；在线条上，清淡的空间中斜勾出一条白线。点、线、面有机结合，色彩鲜明而又和谐，由此体现了诗人杜甫那诗画一体的巧妙构思。

《绝句》虽然是一首描写自然风景的小诗，却也蕴含着丰富的思想感情。细柳抽枝吐绿，是春天的色彩；黄莺鸣唱，是春天的声音；白鹭从南方飞回，正是带着春意的来客；趁着春江水满，江东的船舶不远万里到来，说明人们已经开始了春天该进行的活动。这一切告诉我们——春天来了。作者用喜悦的笔墨描绘这些清新活泼、生气蓬勃的事物，以敏锐的观察力捕捉万种春天竞自由的景象。诗人从山上的积雪联想到人间悠久的岁月，从江中的船只望见祖国辽阔的疆域。"千秋""万里"，体现出诗人开阔的胸怀。

扫码听故事，回答问题：

1.《绝句》这首诗是在四川哪个地方写成的？

2. 哪位诗人评价说此诗就像一幅绚丽生动的山水画？

悯^①农（其一）

[唐] 李绅

春种一粒粟^②，

秋收^③万颗子^④。

四海^⑤无闲田^⑥，

农夫犹^⑦饿死。

注释

①悯：怜悯。这里有同情的意思。

②粟：泛指谷类。

③秋收：一作"秋成"。

④子：指粮食颗粒。

⑤四海：指全国。

⑥闲田：没有耕种的田。

⑦犹：仍然。

 诗词讲解 ••••••••••••••••••••••••••••

在春天里，只要播下一粒种子，到了秋天就能收获很多的粮食。全天下没有荒废不种的农田，却仍然有劳苦的农民活活饿死。

 诗词赏析 ••••••••••••••••••••••••••••

这首诗先是具体形象地描绘了诗人所到之处一片丰收的景象，然后笔锋一转，突出了农民辛勤劳动获得丰收自己却两手空空、惨遭饿死的现实问题。

在诗的开头，诗人就以"一粒粟"化为"万颗子"具体而形象地描绘了丰收，用"种"和"收"赞美了农民的勤劳。第三句再扩大范围，展现出四海之内，荒地变良田，这和前两句联系起来，便构成了到处一片丰收、遍地"粮食"的生动景象。这三句诗人用层层递进的手法，表现出劳动人民的勤劳和无穷的创造力，由此使下文的反转变得更为凝重，更让人沉痛。

"农夫犹饿死"，既使前后的内容连贯起来，也把问题突显出来了。勤劳的农民用他们的双手获得了丰收，而他们自己还是两手空空，惨遭饿死。读了诗之后，人们不得不带着沉重的心情去思考：到底是谁制造了这人间的悲剧？诗人将原因放在幕后，让读者自己去寻找、去思索。

扫码听故事，回答问题：

    1.《悯农》诗一共有几首？

    2. 你知道"五谷"指的是哪五种农作物吗？

舟夜书所见[①]

[清] 查慎行 zhā shèn

月 黑 见 渔 灯 ，

孤 光[②] 一 点 萤[③] 。

微 微 风 簇 浪[④] ， cù làng

散 作 满 河 星 。

注释

①舟夜书所见：夜晚在船上记下所看见的景象。

②孤光：孤零零的灯光。

③萤：萤火虫，比喻灯光像萤火虫的光一样微弱。

④风簇浪：风吹起了波浪。簇，聚集，簇拥。

诗词讲解 ••••••••••••••••••••••••••

　　漆黑的夜晚看不到一点儿月光，只能看见渔船上孤零零的灯光，那灯光在茫茫的夜色中，就像萤火虫的微光一般若隐若现。微风阵阵，水面泛起层层波浪，映照着渔灯的微光，就像河面洒落了无数颗星星。

 诗人简介 ••••••••••••••••••••••••••

　　查慎行（1650—1727），清诗人、文学家。初名叫嗣琏，字夏重，号查田；后来改名慎行，字悔余，号他山；晚年居住在初白庵，所以又叫查初白，海宁（今浙江海宁）人。

　　查慎行是诗坛"清初六家"之一，继朱彝尊之后被尊为东南诗坛领袖，对清初诗坛宗宋派有重要影响，为中流砥柱、集大成者。他在诗歌创作、诗歌艺术研究和诗学理论研究方面均有建树，生平诗作不下万首，可以说是多产诗人。其主要作品有诗歌集《敬业堂诗集》《查初白诗评十二种》等。

 诗词赏析 ••••••••••••••••••••••••••

　　《舟夜书所见》是清代诗人查慎行的一首五言绝句，诗人通过对自然景色细致的观察，运用动静结合的方法，展示了美丽的河上夜景，抒发了诗人对自然之美的喜爱之情。

　　这首诗描绘了一幅奇异美妙的河上夜景图。虽然此诗只有二十字，却体现了诗人对自然景色细致入微的观察力。全诗用白描的手法，以大景衬小景，以暗景衬亮景，中心是渔灯，背景是黑夜，描写了河上渔灯倒影随浪散开的情状。

前两句写黑夜舟中见渔灯，是静态描写。"月黑见渔灯"中"见"有突然发现的意思。月黑无光的环境中，河中的一盏渔灯格外引人注目。"孤光一点萤"写灯光像江岸边的一点萤火。"孤"字说明渔灯只有一盏，既衬托出夜色的浓黑，又渲染了诗人心中迷茫、孤寂的情感。

后两句为动态描写。"微微风簇浪"，诗人笔锋一转，抛开了灯光，写夜风起后的满河细浪，"微微"二字又体现了风力的微小，"簇"说明了就算是微风也能掀起一簇簇的浪花，渲染了一种宁静舒适的气氛。"散作满河星"，"散"字是此诗的诗眼。诗人用漫天繁星比喻河面上渔灯的倒影，微风一吹，倒影零零散散地散在水面上，给人一种画面感。

灯光由静止到闪烁，渔灯倒影由一点散作万点，诗人的情绪也由孤寂转为欣喜，诗歌就在这最精彩的瞬间结束，诗人流连忘返。

扫码听故事，回答问题：

1. 查慎行是我国当代哪位著名作家的先祖？

2. 什么是五言绝句？

三年级·上

所 见

[清] 袁 枚

牧 童^① 骑 黄 牛，

歌 声 振^② 林 樾^③。

意 欲^④ 捕^⑤ 鸣^⑥ 蝉，

忽 然 闭 口 立^⑦。

注释

① 牧童：指放牛的孩子。

② 振：振荡，回荡。说明牧童的歌声嘹亮。

③ 林樾：指道旁成荫的树。

④ 欲：想要。

⑤ 捕：捉。

⑥ 鸣：叫。

⑦ 立：站立。

 诗词讲解 ••••••••••••••••••••••

　　牧童骑在黄牛背上，嘹亮的歌声在树林里回荡。他忽然想要捕捉树上鸣叫的知了，于是马上停止唱歌，静悄悄地站立在树旁。

诗人简介 ••••••••••••••••••••••

　　袁枚（1716—1798），清乾隆、嘉庆时期代表诗人、散文家、文学批评家和美食家。字子才，号简斋，晚年自号仓山居士、随园主人、随园老人，钱塘（今浙江杭州）人。

　　袁枚年少时就很有才华名气，擅长写诗文。袁枚倡导"性灵说"，主张诗文审美创作应该抒写性灵，要写出诗人的个性，表现个人生活遭际中的真情实感，与赵翼、蒋士铨合称"乾嘉三大家"（或江右三大家），又与赵翼、张问陶并称"性灵派三大家"，为"清代骈文八大家"之一。袁枚的文笔与大学士直隶（今河北省）纪昀齐名，时称"南袁北纪"，其主要传世的著作有《小仓山房文集》《随园诗话》及《随园诗话补遗》《随园食单》《子不语》《续子不语》等。其散文代表作《祭妹文》哀婉真挚，流传久远，古文评论家将它与唐代韩愈的《祭十二郎文》并提。

 诗词赏析

　　这是一首反映儿童生活的诗篇，诗人在诗中赞美了小牧童充满童趣的生活画面。

　　前两句描写了小牧童天真活泼、悠然自得的可爱模样和愉快的心情。第一句"骑"字直接写出了牧童的姿势，平平而起，不着痕迹；第二句"振"字则间接点出他的心情。此二句徐徐描写出在野外的林荫小道上一个小牧童骑着黄牛缓缓而来，一路行一路唱，声音又脆又响，整个树林都被他惊动了的场景。诗人通过"骑"和"振"两个动词，把牧童高坐牛背、大声唱歌的派头，那种悠闲自在、无忧无虑的心情和盘托出。

　　第三、第四句仍然继续描写牧童。忽然，小牧童脊背挺直，嘴巴紧闭，两眼凝望高高的树梢，"知了，知了，知了……"原来是树上扯着嗓子高声歌唱的蝉儿吸引了他的注意，他这是想去捉蝉儿呢！第三句是过渡句，写牧童的心理活动，交代了他"闭口立"的原因，也是全诗的转折点。第四句，情节急转直下，牧童的声音戛然而止。"忽然"一词，把牧童发现树上鸣蝉时的惊喜心情和机警性格生动形象地表现了出来。这从动到静的变化，突然又自然，把小牧童闭口注目鸣蝉的瞬间神态写得韵味十足。而"闭"和"立"两个动词，则把这个牧童天真的神态和孩子式的机智刻画得淋漓尽致。全诗用白描手法，紧紧抓住小牧童刹那间的表现，生动地写出小牧童非常机灵的特点，让人倍觉小牧童纯真可爱。至于下一步小牧童怎样捕蝉、有没有捕到，诗人并没有进一步描写，留下了无尽的遐想空间。

扫码听故事，回答问题：

　　1. 袁枚平生有九大爱好，排在第一的是什么？

　　2. "南袁北纪"中，"袁"指袁枚，"纪"又指的是谁呢？

山行①

[唐]杜 牧

远上寒山②石径斜③，
白云生④处有人家。
停车坐⑤爱枫林晚⑥，
霜叶红于⑦二月花。

注释

①山行：在山中行走。

②寒山：深秋时节的山。

③斜：倾斜。

④生：产生，生出。

⑤坐：因为。

⑥枫林晚：傍晚时的枫树林。

⑦红于：比……更红。

 诗词讲解 ••••••••••••••••••••••••

　　沿着弯弯曲曲的小路上山，在那白云生出的地方居然还有人家。我停下车来是因为喜爱深秋枫林的晚景，枫叶被秋霜染过，比二月春花更红。

 诗人简介 ••••••••••••••••••••••••

　　杜牧（803—853），唐诗人、散文家。字牧之，号樊川居士，京兆万年（今陕西西安）人。

　　他的诗以七言绝句著称，人们都叫他"小杜"，以别于杜甫"大杜"。为了和李白与杜甫区别开，人们把他和李商隐合称"小李杜"。杜牧著有《樊川文集》，擅长文赋，他写的《阿房宫赋》被后世传诵。杜牧还很注重军事，写下了不少军事论文，曾经给《孙子》做过注释。

 **诗词赏析**

　　这是一首写景诗，描绘的是秋日山行之乐，展现出一幅色彩绚烂、风格明丽的山林秋色图。诗里写了山路、人家、白云、红叶，它们构成一幅和谐统一的画面。

　　诗歌一上来就写"远上寒山石径斜"，"远上"写出了山路延绵，一条弯弯曲曲的小路蜿蜒伸向山头。"寒山"点出了深秋，此时已是霜临大地的时节，"斜"字与"上"字呼应，写出了高而陡峭的山势。"白云生处有人家"，写云，写人家，描绘了诗人山行时所见的远处风光。诗人的目光顺着这条山路一直向上望去，在白云飘浮的地方，有几处山石砌成的石屋石墙。这里的"人家"不仅使人联想到炊烟袅袅、鸡鸣犬吠的人烟生气，还照应了上句的"石径"，"石径"就是那几户人家上上下下的通道，两种景物有机地联系在一起。白云仿佛从山岭中生出，飘浮缭绕，既可表现山之高，又表现云之淡白与山之苍翠相映衬，点染出明快色调。诗人用横云断山的手法，让这片片白云遮住读者的视线，给人留下了想象的空间：在那白云之后，一定会有另一种景色。

　　对上述这些景物，诗人只是在做客观的描述。那山路、白云、人家都没有使诗人动心，这枫林晚景却使得他的惊喜之情难以抑制。"停车坐爱枫林晚"的"坐"解释为"因为"。因为夕照枫林的景色实在太迷人，所以诗人竟然顾不得驱车赶路，特地停下来领略枫林晚景的美丽。诗人通过前后映衬，已经为描写枫林铺平垫稳，于是水到渠成，引出了第四句，点明喜爱枫林的原因。

"霜叶红于二月花"，把第三句补足，一片深秋枫林美景具体展现出来了。诗人惊喜地发现在夕晖晚照下，枫叶流丹，层林尽染，真是满山云锦，如烁彩霞，红叶比江南二月的春花还要火红、还要艳丽。其中"红于"一词更加直观地表现了诗人对枫叶的喜爱，春花所不能比拟的不仅是颜色的绚丽，枫林更耐寒、更经得起风霜考验。第四句是全诗的中心，是诗人用浓墨重彩、凝聚笔力写出来的。

扫码听故事，回答问题：

　　1.杜牧曾经在哪里讲学？
　　2.杜牧二十三岁畅谈天下兴亡之理，写了一篇非常有名的文章。这篇文章的题目是什么？

赠刘景文①

[宋] 苏轼

荷尽②已无擎③雨盖，
菊残犹④有傲霜⑤枝。
一年好景君⑥须记⑦，
最是橙黄橘绿时。

注释

①刘景文：诗人的好朋友。

②荷尽：荷花枯萎，残败凋谢。

③擎：举，向上托。

④犹：仍然。

⑤傲霜：不怕霜冻寒冷，坚强不屈。

⑥君：对对方的尊称，相当于"您"。

⑦须记：一定要记住。

 诗词讲解 ••••••••••••••••••••••

　　荷花凋谢后连那擎雨的荷叶也枯萎了，而那开败了的菊花，花枝还能斗霜傲雪。你一定要记住一年中最好的光景，就是橙子金黄、橘子青绿的秋末冬初的时节啊。

 诗人简介 ••••••••••••••••••••••

　　苏轼（1037—1101），北宋中期文坛领袖。字子瞻，号东坡居士，眉州眉山（今四川眉山）人，世称苏东坡、苏仙。他和父亲苏洵、弟弟苏辙合称"三苏"。

　　他在诗、词、散文、书、画等方面取得很高成就。他与唐代的韩愈、柳宗元以及宋代的欧阳修、苏洵、苏辙、王安石、曾巩合称"唐宋八大家"，还与黄庭坚、米芾、蔡襄并称为最能代表宋代书法成就的书法家，合称"宋四家"。他写的诗题材广泛，清新豪健，善用夸张比喻，独具风格，与黄庭坚并称"苏黄"。他的词是豪放一派的代表，他与辛弃疾并称"苏辛"。苏轼还非常擅长文人画，尤擅画墨竹、怪石、枯木等。他的著作有《东坡七集》《东坡易传》《东坡书传》《东坡乐府》等。

诗词赏析

这首诗写的是秋末冬初的景色。

诗的大意是：荷花凋谢，连那擎雨的荷叶也逐渐枯萎了，只有那开败了的菊花的花枝仍傲寒斗霜。朋友，一年中最好的景致你一定要记住！那就是橙子金黄、橘子青绿的秋末冬初时节。诗的前两句写景，"荷尽""菊残"写出秋天的景色。而苏轼面对"荷尽已无擎雨盖"时，并没有像大多数诗人一样伤春悲秋，而是笔锋一转，转到了"菊残犹有傲霜枝"。菊花傲霜斗寒的形象在"已无"与"犹有"的强烈对比中跃然纸上。后两句议景，揭示了作者赠诗的目的。在作者看来，一年中最美好的风光，莫过于橙黄橘绿的秋景。他通过"橙黄橘绿"描绘出了秋天硕果累累的丰收景象，显露出勃勃生机，给人以昂扬向上之感，也给了好友刘景文勉励。他通过"橙黄橘绿"来勉励朋友：困难只是一时的，切莫意志消沉，要乐观向上。诗人的高明之处在于，他不是简单地写荷、菊花朵的凋零，而是将笔伸向了荷叶和菊枝。荷叶为荷花增姿；菊之所以被誉为"霜下之杰"，不仅因为它蕊寒香冷、姿怀贞秀，还因为它有挺拔劲节的枝干。诗人观察得非常细致，能把握事物本质，"已无""犹有"，对比强烈，写出二花之异。

整首诗融写景、咏物、赞人于一体，借物喻人，赞颂刘景文的品格和情操，展现了作者的广阔胸襟以及对同处窘境中友人的劝勉和支持，托物言志，意境高远。后来常有人借用"菊残犹有傲霜枝"这句诗来赞颂坚贞不屈的人。

扫码听故事，回答问题：

  1. 这首诗中的"刘景文"是一位怎样的人？

  2. 这首诗写了什么季节的景色？

夜书所见

[宋] 叶绍翁

萧萧^①梧叶送寒声，
江上秋风动客情^②。
知有儿童挑^③促织^④，
夜深篱落^⑤一灯明。

注释

①萧萧：这里形容风吹梧桐叶发出的声音。

②客情：旅客思乡之情。

③挑：用细长的东西拨弄。

④促织：蟋蟀，也叫蛐蛐。

⑤篱落：篱笆。

诗词讲解

瑟瑟的秋风吹动梧桐树叶，送来阵阵寒意。江上吹来阵阵秋风，让人不禁思念起自己的家乡。我忽然看到远处篱笆下闪烁的灯火，料想一定是孩子们在捉蟋蟀。

诗人简介

叶绍翁（1194—？），南宋中期诗人。字嗣宗，号靖逸，龙泉（今浙江龙泉）人，祖籍建安（今福建建瓯）。

他是江湖派诗人，长期隐居钱塘西湖之滨。他的诗以七言绝句最佳，如《游园不值》《夜书所见》《嘉兴界》《田家三咏》等。叶绍翁有诗集《靖逸小集》，他还写了《四朝闻见录》，杂叙宋高宗、孝宗、光宗、宁宗四朝逸事，史料价值很大。

诗词赏析

　　第一句"萧萧梧叶送寒声"，枯黄的"梧叶"，在寒风中摇动是不是令人感到特别寒凉？"送寒声"，一个"送"字，静中显动，更增添了几分寒气，这里以听觉引起触觉的通感之法渲染了环境的清冷，读来令人不由得生出凄凉之感。"寒"字一语双关，既有秋风袭来寒凉逼人之感，又有漂泊天涯心神凄清之意。

　　第二句接以"江上秋风动客情"，秋风已至，而人还远在他乡，怎能不触动作者的思乡之情呢？这两句一"送"一"动"，赋予梧叶、秋风以人的情感与思绪，寓情于物，情景交融。前两句用"梧叶""寒声"和"江上秋风"既写出了秋意的清冷，又进一步烘托出了寒凉的气氛，更衬托了客居他乡的凄凉，把读者带进了一种风送寒凉、情动秋江的意境之中，令人痴迷难返、惆怅满怀。

　　后两句"知有儿童挑促织，夜深篱落一灯明"，茫茫的夜色中，儿童正在捉蟋蟀，闪现在篱笆间的点点灯火，勾起了作者儿时的美好回忆。正是这种无忧无虑、活泼天真的态度与诗人此时的心情形成了鲜明的对比。"挑"字于细节之中见妙趣，写出儿童屏息观斗、轻挑细拨、专注嬉戏的斗蟋蟀场面。"挑"出了性格，"挑"出了神韵，"挑"出了作者思忆亲人的温暖之情！

　　整首诗有动有静，动得有声有色，有光有影；静得凄神寒骨，惆怅满怀。那片片飘零的落叶、阵阵萧萧的风声，在幽静的深秋夜晚，引动了诗人挂念家中亲人的思乡愁绪。读着这首诗，你是不是感受到了作者深深的思乡之情呢？

扫码听故事，回答问题：

　　1.诗中"江上秋风动客情"一句，引用了谁的典故？

　　2.叶绍翁原来姓什么？

望天门山①

[唐]李 白

天门中断②楚江③开④，

碧水东流至此回⑤。

两岸青山相对出，

孤帆一片日边来⑥。

注释

①天门山：今安徽东梁山与西梁山的合称。东梁山在今芜湖市，西梁山在今马鞍山市，两山隔江相对，像天然的门户。

②中断：江水从中间隔断两山。

③楚江：长江中下游部分河段在古代流经楚地，所以叫楚江。

④开：劈开，断开。

⑤回：回旋，回转。指这一段江水由于地势险峻流动方向有所改变，并更加汹涌。

⑥日边来：指孤舟从天水相接处的远方驶来，远远望去，仿佛来自日边。

 诗词讲解 ●●●●●●●●●●●●●●●●●●●●

长江犹如一把巨大的斧子把天门山劈为两半，碧绿的江水滚滚东流到达这里，又转向北流，随着山势，更加汹涌澎湃。两岸青山相互对峙，美景难分高下，只见一只小船从水天相接的地方远远地驶来，仿佛来自天边。

 诗词赏析 ●●●●●●●●●●●●●●●●●●●●

"天门中断楚江开，碧水东流至此回。"这两句写了江水穿过天门山的壮丽景象，给人丰富的联想空间。第一句紧扣题目，总写天门山，着重写出浩浩荡荡的楚江汹涌东流，冲破天门山奔腾而去的壮阔气势。天门两山本来是一个整体，阻挡着浩荡的江流。楚江怒涛仿佛一把巨斧，劈开了"天门"，使它中断而成为东西两山。诗人这种大胆的想象，在开篇就给人一种豪放的气势。

第二句"碧水东流至此回"，由于两山夹峙，浩荡的长江

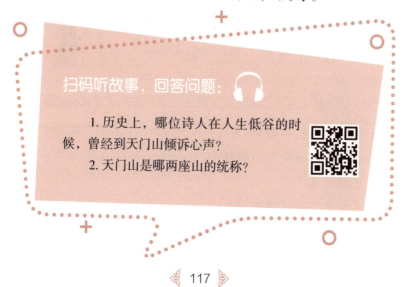

流经这里时因地势险峻流向有所改变，激起回旋，形成波涛汹涌的奇观。这一句借水势更衬托出山的奇险。

"两岸青山相对出，孤帆一片日边来。"这两句是一个不可分割的整体，照应诗题中的"望"字，说明诗中所描绘的是诗人远望天门山时所见的壮美景色。诗人并不是站在岸上的某一个地方遥望天门山，"望"的立脚点便是从"日边来"的"一片孤帆"。

"两岸青山相对出"的"出"字，使本来静止不动的山带上了动态美，逼真地表现了在舟前行过程中天门山特有的姿态：夹江对峙的天门山，似乎正迎面向诗人走来，是在热情地欢迎远客。舟行江上，顺流而下，望着远处的天门山映入眼帘，愈来愈清晰，舟中人的新鲜喜悦之感也愈来愈浓厚，"两岸青山相对出"的感受就非常突出了。

"孤帆一片日边来"，传神地描绘出一叶小舟在汹涌的江流中乘风破浪、越来越靠近天门山的情景，让我们似乎感受到了诗人终于与心驰神往的名山胜景相对时的激动、兴奋，更让我们看到了诗人豪迈、奔放、自由洒脱、无拘无束的形象。

扫码听故事，回答问题：

1. 历史上，哪位诗人在人生低谷的时候，曾经到天门山倾诉心声？
2. 天门山是哪两座山的统称？

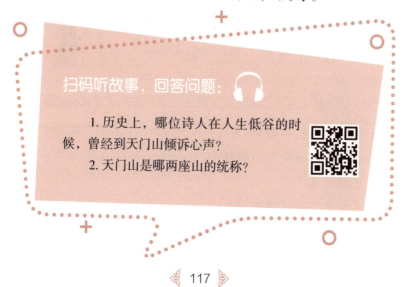

以学生喜欢的方式学古诗

饮湖①上初晴后雨

[宋] 苏 轼

水 光 潋 滟② 晴 方③ 好 ，

山 色 空 蒙④ 雨 亦⑤ 奇 。

欲 把 西 湖 比 西 子⑥ ，

淡 妆 浓 抹 总 相 宜⑦ 。

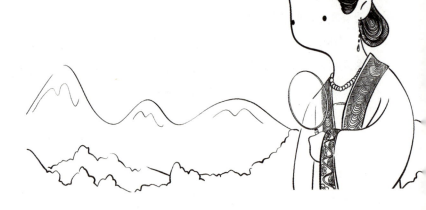

注释

①湖：即杭州西湖。

②潋滟：波光闪动的样子。

③方：正。

④空蒙：迷茫缥缈的样子。

⑤亦：也。

⑥西子：西施，春秋时代越国的美女。

⑦相宜：很合适，显得十分美丽。

 诗词讲解

在灿烂的阳光照耀下，西湖水面波光粼粼，看起来很美；雨天时，在雨幕的笼罩下，西湖周围的群山迷迷蒙蒙、若隐若现，也显得非常奇妙。如果把西湖比作古代的美女西施，淡妆浓抹对她来说都是那么适宜。

 诗词赏析

诗人首先用"水光潋滟晴方好，山色空蒙雨亦奇"这两句诗来描写西湖的晴雨景象。首句用"水光潋滟"来描写它晴天里的美丽景色。"潋滟"，是水面波光闪动的样子，波光粼粼的西湖宁静而不空寂，灿烂的阳光洒满湖面，微风吹来，碧波荡漾，银光闪烁。如此绮丽美妙的景色，在艳阳高照时正显得很美，于是诗人感到西湖美景"晴方好"。

次句用"空蒙"来描写雨态。天气突变，细雨迷蒙，山和湖都沐浴在雨幕中，缥缈的山影忽明忽暗。远远望去，山影若隐若现，若有若无，宛如仙境般神奇美妙。因而诗人又发出了"雨亦奇"的赞叹。

在有着丰富情感的诗人眼里，不论是山是水，或晴或雨都是美好的，他内心深处发出的"晴方好""雨亦奇"不仅是对西湖山水的高度评价，也表现了诗人乐观、洒脱的性格和宽广的胸怀。

西湖的山光水色，让诗人感受到的远远不只是雨和晴、山与水，他触景生情，大胆想象，写出了"欲把西湖比西子，淡妆浓抹总相宜"这样的名句。西湖与西子，一个是美景，一个是绝代佳人，天生丽质是他们共同的特点。诗人借助想象，将二者联系起来，用一个让人意想不到的比喻，赋予了西湖生命，将西湖比作遐迩闻名的美女西施，贴切地比出了西湖的风采神韵。

整首诗，诗人不写西湖的一处之景、一时之景，而是对西湖胜境进行了全面评价，留给人们一个极大的想象空间，即使从未到过西湖的人，读了如此美妙的诗句，也会如身临其境，感受到西湖秀美的风光。

扫码听故事，回答问题：

1. "三苏"分别是谁？
2. 古代四大美女都有谁？

望洞庭 ①
tíng

[唐] 刘禹锡
yǔ xī

湖 光 秋 月 两 相 和 ②，

潭 面 无 风 镜 未 磨 ③。
wèi mó

遥 望 洞 庭 山 水 翠 ，

白 银 盘 ④ 里 一 青 螺 ⑤。
pán

注释

①洞庭：即洞庭湖，在今湖南省北部。

②和：和谐。指水色与月光交相辉映。

③镜未磨：古人的镜子用铜制作、磨成。这里一说是湖面无风，水平如镜。

④白银盘：形容平静而又清澈的洞庭湖面。白银，一作"白云"。

⑤青螺：青绿色的螺。这里用来形容洞庭湖中的君山。

诗词讲解

　　洞庭湖上的月光和水色交相融和，湖面风平浪静，就像一面未磨的铜镜。在皓月银辉的照耀下，远远望去，洞庭湖里苍翠的君山，就如同雕镂剔透的银盘里放了一颗小巧玲珑的青螺，十分惹人喜爱。

诗人简介

　　刘禹锡（772—842），唐中晚期著名诗人。字梦得，洛阳（今河南）人，有"诗豪"之称。他自称是西汉中山靖王后裔，曾任监察御史，是王叔文政治改革集团的一员。

　　刘禹锡贞元九年（793）进士及第，初在淮南节度使杜佑幕府中任记室，为杜佑所器重，后从杜佑入朝，为监察御史。贞元末，他与柳宗元、陈谏、韩晔等结交于王叔文，形成了一个以王叔文为首的政治集团。刘禹锡后历任朗州司马、连州刺史、夔州刺史、和州刺史、主客郎中、礼部郎中、苏州刺史等职，会昌元年（841），加检校礼部尚书，赠户部尚书。

刘禹锡诗文俱佳，涉猎题材广泛，与柳宗元并称"刘柳"，与韦应物、白居易合称"三杰"，并与白居易并称"刘白"，有《陋室铭》《竹枝词》《杨柳枝词》《乌衣巷》等名篇。其有哲学著作《天论》三篇，论述天的物质性，分析"天命论"产生的根源，具有唯物主义思想；有《刘梦得文集》，存世有《刘宾客集》。

 诗词赏析

这首诗描写了秋夜月光下洞庭湖的优美景色。诗人放飞想象力，以清新的笔调生动地描绘出洞庭湖水宁静、祥和的朦胧美，勾画出一幅美丽的洞庭山水图，表现了诗人对大自然的热爱，也体现了诗人不凡的气度和高卓清奇的情致。

第一句描写了洞庭湖的湖水与秋夜的月光交相辉映，一个"和"字描绘出一幅水天一色的融洽画面，创造了一种宁静、和谐的境界。

第二句写湖上无风，湖面宛如一面未经磨拭的铜镜。"镜未磨"三字使用了比喻的修辞手法，形象地表现了洞庭湖风平浪静、安宁温柔的景象，在月光下更是别具一种朦胧美。

第三、第四句诗人的视线从广阔的湖光月色的整体画面集中到君山一点。在清朗的月光的照耀下，洞庭湖中的山显得更加青翠，洞庭湖的水显得更加清澈，远远望去，如同一只精美别透的银盘里放了一颗小小的青螺，十分惹人喜爱。"白银盘里一青螺"，这一句写得非常巧妙，巧妙之处在于不仅使用了比喻的修辞手法，写出洞庭湖优美的景色，还表现了诗人不凡的气度，寄托了诗人高卓清奇的情致。把人与自然的关系表现得这样密切和谐，把洞庭湖山水的景物描写得这样高旷超俗，实在难得，这也恰恰是诗人性格、情操和美学趣味的反映。

扫码听故事，回答问题：

1. 洞庭湖在古代还有什么美称？
2. 故事中的"君山"有什么传说？

早发^①白帝城^②

[唐]李 白

朝^③辞^④白帝彩云间，
千里江陵^⑤一日还^⑥。
两岸猿声啼不住，
轻舟已过万重山^⑦。

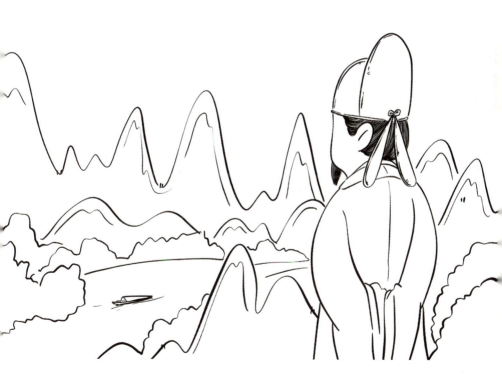

125

注释

①发：启程。

②白帝城：故址在今重庆市奉节县白帝山上。

③朝：早晨。

④辞：告别。

⑤江陵：今湖北省荆州市。从白帝城到江陵约一千二百里，其间包括七百里三峡。

⑥还：归，返回。

⑦万重山：层层叠叠的山，形容很多。

诗词讲解 ●●●●●●●●●●●●●●●●●●●●●●●●●

　　清晨我告别五彩云霞映照中的白帝城，千里之遥的江陵，坐船一天就可以到达。两岸猿声还在耳边不停地回荡，轻快的小舟已驶过万重青山。

诗词赏析 ●●●●●●●●●●●●●●●●●●●●●●●●●

　　这首诗写于唐肃宗乾元二年（759）三月。当年春天，李白因受牵连于永王李璘的案件，被流放到夜郎，经过四川，走到白帝城的时候，忽然收到他被赦免的消息，惊喜交加，于是立刻乘船东下江陵。这首诗就是在这种情况下写的。

　　第一句中"彩云间"三字，写出白帝城地势之高，为全篇描写船走得快这一动态蓄势。正因为白帝城地势高，才会有下面几句中对船走得迅捷、行期短暂的描述。"彩云间"也是在写早晨景色，显示出从昏暗转为光明的大好气象，而诗人便在这旭日东升的时刻，怀着兴奋的心情匆匆告别白帝城。

第二句的"千里"和"一日"，把距离之远与时间之短做对比，突出行船之快。这句话还有一个字用得非常巧妙，就是"还"字，"还"不仅表现出诗人"一日"而行"千里"的痛快，也隐隐透露出被免除处罚以后的喜悦。江陵并不是李白的家乡，"还"字却亲切得如同李白要回到自己的家乡一样。一个"还"字，暗处传神，将诗人被免除处罚以后的喜悦之情表现得淋漓尽致。

第三句的境界更为神奇。古时候长江三峡的两岸有许多猿猴，诗人说"啼不住"，是因为他乘坐飞快的轻舟行驶在长江上，耳听两岸的猿啼声，又看见两旁的山影，猿啼声不止一处，山影也不止一处，由于船走得飞快，使得"猿啼声"连成一片、山影浑然一体，站在这如脱弦之箭、顺流而下的船上，诗人感到十分畅快和兴奋。

瞬息之间，"轻舟已过万重山"。为了形容船快，诗人除了用猿声、山影来烘托，还给船的本身添上了一个"轻"字。船顺流而下，轻如无物，船的速度之快可想而知，"轻"字让诗歌别有一番意蕴。

全诗洋溢的是诗人经过艰难岁月之后突然迸发的一种激情和喜悦，给读者留下了广阔的想象空间。

扫码听故事，回答问题：

1. 白帝城有哪些历史典故？
2. 李白为什么要写这首诗？

采莲曲

[唐] 王昌龄

荷叶罗裙①一色裁②，

芙蓉③向脸两边开。

乱入④池中看不见⑤，

闻歌始觉⑥有人来。

注释

①罗裙：用细软而有疏孔的丝织品制成的裙子。

②一色裁：像是用同一颜色的布料剪裁的。

③芙蓉：指荷花。

④乱入：杂入，混入。

⑤看不见：指分不清哪儿是芙蓉的绿叶红花，哪儿是少女的绿裙红颜。

⑥始觉：才知道。

诗词讲解 •••••••••••••••••••••••

　　采莲少女青翠欲滴的绿罗裙融入到田田荷叶之中，浑然一色，少女的脸庞掩映在盛开的荷花间，相互映照，格外动人。采莲少女们进入莲池中，外面的人却看不到她们的踪影，一直到听到歌声才觉察有人前来。

 诗人简介 •••••••••••••••••••••

　　王昌龄（？—约756），盛唐边塞诗人。字少伯，京兆长安（今山西西安）人。

　　他年轻的时候生活艰难，三十岁左右进士及第，一开始做了秘书省校书郎，而后又担任博学宏辞、汜水尉，后来被降职到岭南，开元末期返回长安，又做了江宁丞，被别人诬陷又被降职做了龙标尉。唐安史之乱时，王昌龄被刺史间丘晓杀死。他与高适、王之涣齐名，有"七绝圣手""诗天子"的美誉，代表作有《从军行七首》《出塞》《闺怨》等。

 诗词赏析 •••••••••••••••••••••

　　第一、第二句"荷叶罗裙一色裁，芙蓉向脸两边开"。诗歌一开始就展现出一幅人与自然和谐统一的美丽画面。采莲女的罗裙和荷叶的颜色一样，青翠欲滴。这一句既描绘了田田的荷叶，又写了采莲女美丽的衣裳，两者相互映衬，恍若一体。尤其是"裁"字用得极其巧妙，"罗裙"是裁出的，可是此处用在荷叶上，这是从贺知章《咏柳》诗"不知细叶谁裁出，二月春风似剪刀"句中得到了启发，让人感到荷叶与罗裙不仅颜色相同，似乎也是同一双巧手以同一种材料制成的。此处表面上写荷花，其实是为了衬托出采莲女的美丽。

诗的第三句"乱入池中看不见"是对前两句的补充和深入，有两重含义，一是突出荷的稠密，二是突出观望者的感受和心理活动。"乱"字，既写出采莲女争先恐后进入莲池时嬉笑欢闹的场面，也可指人与花同样娇嫩，难以辨别，观望者眼前一乱的感觉，同时也虚写了荷叶繁茂，荷花在其中若隐若现，并引出下句"闻歌始觉有人来"。"始觉"与上句中的"看不见"呼应，共同创造出一种莲花过人头的意境，"闻歌"与"乱"呼应，悠扬动听的歌声表现出采莲女活泼开朗的个性，同时也为整个采莲的场景增添意趣，使人仿佛身临其境。

这首诗意蕴深远，虽文字精雕细琢却给人带来清丽自然之感，可以看出王昌龄炼字炼意的高超技艺，对中晚唐的诗歌有着重要的影响。

扫码听故事，回答问题：

1. 王昌龄的好朋友有哪些人？
2. 这首诗是王昌龄送给谁的呢？

三年级·下

绝 句

[唐]杜甫（fǔ）

迟日①江山丽，

春风花草香。

泥融②飞燕子，

沙暖睡鸳鸯（yuān yāng）③。

注释

①迟日：春日。春天白日渐长，所以说迟日。

②泥融：这里指泥土变湿软。

③鸳鸯：一种水鸟，雄鸟与雌鸟常常双双出没。

诗词讲解

　　沐浴着春光，暖融融的太阳下，江山显得格外秀丽，春风送来花草的香味。冻土融化，燕子正飞来飞去，衔泥筑巢，暖和的沙子上成双成对的鸳鸯静睡不动。

 诗词赏析

　　这首诗抓住景物特点写春色，画面优美、格调柔和，很能引发读者的喜春之情。

　　"迟日"即春日，春天光照时间渐长，天气趋暖，正所谓"天初暖，日初长"（欧阳炯《春光好》）。诗人以"迟日"领起全篇，突出了春天日光和煦、万物欣欣向荣的特点，并使诗中描写的物象有机地组合为一体，构成一幅明丽和谐的春色图。你看：阳光普照，水碧山青，草木复苏，万象更新。清风拂面，送来百花的芳香，带来春草的清馨。河滩上，溪岸边，冰雪融尽，泥土潮湿而松软，燕子轻盈地飞来飞去，衔泥筑巢，呢呢喃喃。水暖沙温，美丽多情的鸳鸯相依相偎，恬然静睡，十分娇憨可爱。燕子是候鸟，诗人描写它是有意突出春天的特征。

　　前两句的"迟日""江山""春风""花草"组成一个粗略勾勒的大场景，并在句尾以"丽""香"突出诗人强烈的感觉；后两句则是工笔细描的特定画面，既有燕子翩飞的动态描绘，又有鸳鸯慵睡的静态写照。飞燕的繁忙显示着春天的勃勃生机，鸳鸯的闲适则透出温柔的春意，一动一静，相映成趣。而这一切全沐浴在煦暖的阳光下，和谐而优美，确实给人以春光旖旎之感。

这首五绝之妙不仅在于杜甫"以诗为画"，还在于他着意传达的柔和春意。如果说诗中的物象都是诗人多种感官所获，那么泥土之"融"、沙砾之"暖"，便不是感觉器官的直接感觉了，两者巧妙地融合，使诗人的身心都沉浸于柔美和谐的春意之中。

扫码听故事，回答问题：

1.杜甫在哪位好朋友的帮助下，才过上了几年少有的安定平稳的生活？
2.是谁称杜甫的笔法太高妙，能"以诗为画"，此诗可为印证？

惠崇^①春江晚景

[宋] 苏轼

竹 外 桃 花 三 两 枝 ，

春 江 水 暖 鸭 先 知 。

蒌 蒿^② 满 地 芦 芽^③ 短 ，

正 是 河 豚^④ 欲 上^⑤ 时 。

注释

①惠崇：惠崇是北宋名僧，能诗善画。这首诗是苏轼为惠崇的画作《春江晚景》所写的题画诗。

②蒌蒿：草名，有青蒿、白蒿等品种。

③芦芽：芦苇的嫩芽，可食用。

④河豚：一种肉味鲜美的鱼，有毒性。

⑤上：指逆江而上。

诗词讲解

　　竹林外两三枝桃花刚刚开放，江水已经回暖，在水中嬉戏的鸭子最先察觉到了。河滩上长满了蒌蒿，芦苇也长出短短的新芽，而河豚此时正要逆流而上，从大海洄游到江河里。

诗词赏析

　　这是一首题画诗，原画为"鸭戏图"。诗歌再现了原画中的江南春景，又融入诗人合理的想象，与原画相得益彰。

　　首句"竹外桃花三两枝"，虽然写得非常简单，却包含很多信息。首先，它显示出竹林的稀疏，要是竹林细密，诗人就无法见到桃花了。其次，它表明季节，点出了一个"早"字。春寒刚过，还不是桃花怒放之时，但春天的无限生机和潜力，已经透露出来。

　　接下来，诗人的视线由远及近，从江岸到江面。江上春水荡漾，好动的鸭子在江水中嬉戏游玩。"鸭先知"侧面说明春江水还略带寒意，水温的变化只有常在江水中玩的鸭子先知道，因而别的动物都还没有敏锐感觉到春天的来临，这就与首句中的桃花"三两枝"相呼应，表明早春时节。"鸭知水暖"这种诉之于感觉和想象的事物，画面是难以传达的，诗人却通过设身处地的想象，在诗中表达出来。

后两句诗仍然紧扣"早春"来进行描写，那满地蒌蒿、短短的芦芽，黄绿相间、艳丽迷人，呈现出一派春意盎然、欣欣向荣的景象。"河豚欲上"借河豚只在春江水暖时才往上游的特征，进一步突出一个"春"字，这本是画面所无，也是画笔难描的，可是诗人成功地用想象得出的虚境补充了实境。诗人就是通过这样的笔墨，把无声的、静止的画面，转化为有声的、活动的诗境，使诗情、画意得到了完美的结合。

扫码听故事，回答问题：

　　1. 这首诗是一首题画诗，请说出画上都画了什么。
　　2. 惠崇是个什么人？

三衢①道中

[宋]曾几

梅子黄时②日日晴，

小溪泛尽③却山行④。

绿阴⑤不减⑥来时路，

添得黄鹂⑦四五声。

注释

①三衢：地名，在今浙江衢州一带。

②梅子黄时：指五月，梅子成熟的季节。

③小溪泛尽：乘小船到小溪的尽头。泛，乘船。尽，尽头。

④却山行：再走山间小路。却，再。

⑤绿阴：苍绿的树荫。阴，树荫。

⑥不减：并没有少多少，差不多。

⑦黄鹂：黄莺。

 诗词讲解 •••••••••••••••••••••••••

　　梅子成熟的季节，天天都是晴朗的好天气，我坐着小船沿着小溪慢慢地前行，来到了小溪的尽头，再改走山路继续前行。山路边上苍翠的树木与来的时候一样浓密，深林中传来几声黄鹂的欢鸣声，比来时增添了些幽静的情致。

 诗人简介 •••••••••••••••••••••••••

　　曾几（1084—1166），南宋诗人。字吉甫，自号茶山居士。其为赣州（今江西赣州）人，徙居河南府（今河南洛阳）。

　　曾几学识渊博，勤于政事。他的学生陆游为他作《曾文清公墓志铭》，称他"治经学道之余，发于文章，雅正纯粹，而诗尤工"。后人将他列入江西诗派。他的诗多属抒情遣兴、唱酬题赠之作，闲雅清淡，五言、七言律诗讲究对仗自然，气韵流畅。其古体诗如《赠空上人》，近体诗如《南山除夜》等，都很见功力。他写的《易释象》及文集已经佚失了。《四库全书》里有曾几所作《茶山集》八卷，是从《永乐大典》中辑录的。

 诗词赏析 •••••••••••••••••••••••••

　　这首诗写初夏时宁静的景色和诗人山行时轻松愉快的心情。

首句写出行时间，次句写出行路线；后两句写返程时的感受，浓荫中，几声悦耳的黄莺的鸣叫声，为游三衢山的路程增添了无穷的生机和意趣。全诗明快自然，极富有生活韵味。

第一句点明此行的时间，"梅子黄时"正是江南梅雨时节（黄梅天），难得有这样"日日晴"的好天气，因此诗人的心情自然也为之一爽，游兴愈浓。诗人乘轻舟沿溪而行，溪尽而兴不尽，于是舍舟登岸，到山路上步行。一个"却"字，道出了他高涨的游兴。

第三、第四句紧承"山行"，写绿树荫浓，爽静宜人，更有黄鹂啼鸣，幽韵悦耳，渲染出诗人舒畅愉悦的心情。"来时路"将此行悄然过渡到归程，"添得"二字则暗示出诗人行归而兴致犹浓，故能注意到归途有黄鹂助兴，由此可见此作构思之机巧、剪裁之精当。

作者将一次平平常常的行程写得错落有致、平中见奇，不仅写出了初夏的宜人风光，而且诗人的愉悦情状也跃然纸上，让人领略到平淡的意趣。

这首诗还有个特点，就是通过对比融入感情。诗将往年阴雨连绵的黄梅天与眼下的晴朗对比，将诗人来时的绿树及山林的幽静与返程中眼前的绿树与黄莺的叫声对比，于是产生了起伏，引出了新意。

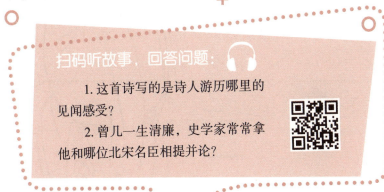

扫码听故事，回答问题：

1. 这首诗写的是诗人游历哪里的见闻感受？

2. 曾几一生清廉，史学家常常拿他和哪位北宋名臣相提并论？

忆江南①

[唐]白居易

江南好，
风景旧曾谙②。
日出江花③红胜火④，
春来江水绿如蓝⑤。
能不忆江南？

注释

①忆江南：唐教坊曲名。此曲亦名"谢秋娘"，每首五句。

②谙：熟悉。作者年轻时曾三次到过江南。

③江花：江边的花朵。一说指江中的浪花。

④红胜火：颜色鲜红胜过火焰。

⑤绿如蓝：绿得比蓝草还要绿。如，用法犹"于"，有胜过的意思。蓝，蓝草，其叶可制青绿染料。

诗词讲解

美丽的江南真是个好地方，那里的风光还是和以前一样熟悉。春天的时候，在太阳的照射下，江花比火还要鲜艳，碧色的江水像蓝草那样绿。怎能不让人怀念江南呢？

诗词赏析

《忆江南》共有三首，这是三首词中的第一首。这首词写的是春天作者泛游江南时看到的美景。作者年轻时，曾在苏杭居住，因此作者对江南风景有着难忘的记忆。

在词的开始，作者就赞颂"江南好"，可见江南的美让作者至今难以忘怀！也正因为"好"，所以作者才不能不"忆"。从"风景旧曾谙"这一句中，我们可以了解到江南风景的"好"不是作者道听途说的，而是亲身感受到的，这也就点明了题目中的"忆"字。

接着两句词写出了"旧曾谙"的江南美景："日出江花红

胜火,春来江水绿如蓝。"春天百花盛开,已经够鲜艳,但在阳光的照射下,江花比火还要鲜艳,碧绿的江水比蓝草还要绿,此二句生动地描绘出了江南春意盎然的大好景象。由此可见,作者心中认为的最美的江南风光,就是春天里鲜红的江花和碧绿的江水。在这里作者用"花"和"日"同色烘染、"花"和"江"异色相映衬的手法,达到红者更红——"红胜火",绿者更绿——"绿如蓝"的意境,色彩绚丽,耀人眼目。前两句层次丰富,让人浮想联翩。

题目中的"忆"字和这首词中的"旧曾谙"三字足以说明这是作者以追忆的角度,写"旧曾谙"的江南春景。写这首词时,作者身在洛阳,洛阳的春天比江南来得晚一些,所以洛阳的水也不会像江南春水那样绿波粼粼,作者在洛阳想到江南此时的景象,可见作者对江南的怀念。作者在写完"旧曾谙"的江南美景之后,最后以"能不忆江南?"结尾,充分表达了作者对江南春色的赞叹与眷恋之情。

扫码听故事,回答问题:

1. 谁读了白居易的诗,说他"长安居易"?

2. 白居易写《忆江南》,仅仅是因为江南的景色美吗?还有什么原因?

元　日①

[宋] 王安石

爆竹②声中一岁除③，

春风送暖入屠苏④。

千门万户⑤曈曈⑥日，

总把新桃换旧符⑦。

注释

①元日：农历正月初一。

②爆竹：古人烧竹子时使竹子爆裂发出响声用来驱鬼辟邪，后来演变成放鞭炮。

③一岁除：一年已尽。除，逝去。

④屠苏：这里指一种酒，根据古代风俗，常在元日饮用。

⑤千门万户：形容门户众多，人口稠密。

⑥瞳瞳：形容太阳出来后天色渐亮的样子。

⑦新桃换旧符：用新桃符换下旧桃符。桃符是古代新年时悬挂于大门上的辟邪门饰，春联的前身。

 诗词讲解 ●●●●●●●●●●●●●●●●●●●●●

　　在阵阵爆竹声中，旧的一年已经过去了，人们迎着和煦的春风开怀畅饮美味的屠苏酒。初升的太阳照耀着千家万户，家家都取下了旧桃符，换上新的桃符。

 诗词赏析 ●●●●●●●●●●●●●●●●●●●●●

　　这首诗写的是古代迎接新年的场景，作者抓住老百姓过春节时燃放爆竹、畅饮屠苏酒、更换新桃符三大传统习俗来渲染春节祥和欢乐的气氛。本诗表现了作者革新政治、积极向上的奋发精神。

　　"爆竹声中一岁除，春风送暖入屠苏。"人们在阵阵鞭炮声中送走旧的一年，迎来新年，前两句渲染了春节热闹欢乐的气氛。人们迎着和煦的春风开怀畅饮美味的屠苏酒。古代风俗中，正月初一都有喝屠苏酒的习惯，人们喝完酒后把渣滓用红布包起来，挂在门框上，有"驱邪"和躲避瘟疫之意。

　　"千门万户瞳瞳日"写的是初升的太阳照耀着千家万户。

"曈曈日"这个词描写了太阳初升时光辉灿烂的景象，象征着变法的前景无限美好。结尾一句"总把新桃换旧符"不仅写当时的民间习俗，还蕴含除旧布新的意思。挂桃符是古代民间迎新年的一种习俗，每年元旦时人们把旧的桃符取下来，换上新的桃符。桃符是用桃木做的，用两块桃木，在上面画上神像，分别挂在大门口，有驱除鬼魔之意。

王安石作这首诗时正担任宰相，推行新法。"曈曈日"照着"千门万户"，预示着新生活的开始。结尾一句"总把新桃换旧符"，蕴含着深刻的哲理，国家在进步，新事物必将取代旧事物。

扫码听故事，回答问题：

1. 王安石变法是在哪个皇帝的支持下进行的？
2. "挂桃符"这个习俗是古代哪一本书中记载的？

清 明①

[唐]杜 牧

清明时节雨纷纷②，
路上行人欲断魂③。
借问④酒家何处有？
牧童遥指杏花村⑤。

注释

①清明：我国传统节日，有扫墓、踏青等习俗。

②纷纷：形容多。

③欲断魂：形容伤感极深，好像灵魂要与身体分开一样。断魂，神情凄迷，烦闷不乐。

④借问：请问。

⑤杏花村：杏花林深处的村庄。今在安徽贵池秀山门外。受此诗影响，后人多用"杏花村"做酒店名。

诗词讲解

清明时节，细雨纷纷飘洒，出门在外的行旅之人个个落魄断魂。

我借问当地之人，哪里可以买酒浇愁？牧童笑而不答，指了指远处的杏花山村。

诗词赏析

杜牧的这首《清明》在历史上流传得非常广，曾被选进《千家诗》。

"清明时节雨纷纷"，清明时节，虽然桃红柳绿、春光明媚，但这时的天气变幻莫测，"纷纷"二字形象地描写出了春雨的特点。天阴沉沉的，毛毛细雨纷纷洒落下来，诗人眼前迷蒙一片。"纷纷"在这里除了形容春雨的意境还有另一层含义，那就是它还在形容雨中行路人的心情。在这里应该注意的是"行人"，并不是指在外游玩的人，而是指出门在外的行旅之人。

"欲断魂"写出了行路人此时的心情，孤零零一个人在异乡路上奔波，天上下着细雨，在此期间又看见路人悼念逝去的亲人伤心欲绝的神态，诗人内心十分惆怅。

此时的诗人触景伤怀，非常想找一个小酒店避避雨，饮一杯酒，解解身上的寒气，同时暖一暖被雨淋湿的衣服，让自己惆怅的心绪有所转变。于是便有了"借问酒家何处有？"的句子。

最后一句"牧童遥指杏花村"绝妙地点明了上句诗人问路的对象，而牧童用行动代替语言来回答了他。牧童的这一指，仿佛让我们看到红杏梢头，分明挑出一个酒帘，有一家小小的酒店在等候接待雨中行路的客人。牧童的热心指路及远处杏花似锦、酒旗飘飘的酒店，让人不禁感叹"柳暗花明又一村"。

诗到这里就结束了，至于行路人怎样闻讯而喜，兴奋地赶上前去，找到酒店饮上几杯，获得了避雨、解寒、消愁的满足等，都留待读者去想象。另外由于这首诗的广泛流传，"杏花村"三个字在后世便成了酒家的雅号。

这首诗，用优美生动的语言描绘了一幅雨中问路图。其中一个难字也没有，一个典故也不用，清明时节的风俗民情、特色景致跃然纸上。

扫码听故事，回答问题：

1. 古代四大启蒙读物是指哪四本书？

2. 清明节是怎么来的呢？你能讲一讲吗？

九月九日①忆山东②兄弟

[唐]王维

独在异乡③为异客④，
每逢佳节⑤倍思亲。
遥知兄弟登高⑥处，
遍插茱萸⑦少一人。

注释

①九月九日：指农历九月初九重阳节。

②山东：此处指华山以东。

③异乡：他乡、外乡。

153

④为异客：作客他乡的人。

⑤佳节：美好的节日。

⑥登高：重阳节有登高的习俗。

⑦茱萸：一种香气浓郁的植物，古人在重阳节有插戴茱萸的习俗。

 诗词讲解 •••••••••••••••••••

　　一个人孤独地作客他乡，每当节日时加倍思念远方的亲人。我遥想家乡的兄弟们在今日登高望远时，头上插满茱萸，会惦念只少我一人。

 诗人简介 •••••••••••••••••••

　　王维（约701—761），唐著名诗人、画家。字摩诘，号摩诘居士，蒲州（今山西永济西南蒲州）人，祖籍太原祁县（今山西祁县）。开元进士。唐肃宗乾元年间任尚书右丞，故世称"王右丞"。

　　王维精通诗、书、画、音乐等，以诗名盛于开元、天宝年间，尤其擅长五言诗。他的诗大多吟咏山水田园，与孟浩然并称"王孟"，有"诗佛"之称。他的书法绘画技艺特别高超，后人推崇他为南宗山水画之祖。苏轼评价他："味摩诘之诗，诗中有画；观摩诘之画，画中有诗。"王维还精通佛学，受禅宗影响很大。佛教有一部《维摩诘经》，是王维名和字的由来。王维存诗四百余首，代表诗作有《相思》《山居秋暝》等，著作有《王右丞集》《画学秘诀》。

 诗词赏析 ••••••••••••••••••••••••••••••••

　　王维可谓一位少年成名的诗人，因为他在少年时期就创作了不少家喻户晓的诗篇，这首诗就是他十七岁时的作品。和他后来成年所作的那些山水诗不同，这首抒情小诗写得非常朴素。

　　"独在异乡为异客"，开篇一句写出了诗人在异乡的孤独寂寞。诗人在这一句话中用了一个"独"、两个"异"字，可见诗人作客他乡的寂寞之感，在外心感孤独，对家乡亲人的思念之情就越发强烈。在当时的封建社会里，人们都过着自给自足的生活，可是由于交通闭塞，地域之间的交流较少，不同地方的人们在风土人情、生活习惯、语言等方面有较大的差异，所以，诗人离开生活多年的家乡到他乡生活，自然感到孤单而陌生。

　　如果说平日里因为忙碌的工作和生活，游子的思乡之情或许不是那么强烈，可是，诗人"每逢佳节倍思亲"。"佳节"是亲人们团圆相聚的美好日子，大家欢聚一堂；而现在呢，诗人独自一人居住在陌生的他乡，在团圆的美好节日里不禁想念起家乡的一草一木、童年时的美好生活，种种回忆让诗人涌起无限的思乡之情，一发不可收拾。诗人将自己的感受娓娓道来，诗句自然质朴，也写出了许多在外漂泊游子的真切感受，极具代表性。因此，"每逢佳节倍思亲"成为千古名句。

　　"遥知兄弟登高处"，诗人从直接抒发情感，转而写到自己对亲人团聚的联想，想象兄弟们在重阳佳节身上插着茱萸登

上高山，会是多么美好愉快。如果诗人单单想到亲人们的欢乐，倒可以缓解思乡之情，但是诗人在最后写到"遍插茱萸少一人"，原来诗人想到的不是欢乐，而是自己没有在家乡和亲人们团圆共度佳节，所以亲人们在插茱萸时也会发现少了一个人，这样大家肯定会思念自己的。

扫码听故事，回答问题：

1. 这首诗描写的是在哪个传统节日作者的思乡之情？

2. 现在在外漂泊的人们最喜欢引用这首诗中的哪句诗来表达自己对亲人的思念？

滁州^①西涧

[唐] 韦应物

独怜^②幽草^③涧边生，

上有黄鹂深树^④鸣。

春潮^⑤带雨晚来急，

野渡^⑥无人舟自横^⑦。

注释

①滁州：在今安徽滁州以西。

②独怜：唯独喜欢。

③幽草：幽谷里的小草。

④深树：枝叶茂密的树。

⑤春潮：春天的潮汐。

⑥野渡：郊野的渡口。

⑦横：指随意漂浮。

诗词讲解

　　我最喜爱涧边生长的幽谷里的小草，还有那树林深处婉转啼唱的黄鹂。春潮夹带着暮雨湍急汹涌，荒野的渡口没有行人，只有空空的渡船悠闲地横在水面上。

诗人简介

　　韦应物（约 737—791），唐诗人。字义博，京兆万年（今陕西西安）人。韦应物今传有两卷本《韦苏州诗集》，十卷本《韦苏州集》，散文仅存一篇。因其出任过苏州刺史，世称"韦苏州"。韦应物诗风恬淡高远，以善于写景和描写隐逸生活著称。

 **诗词赏析** ●●●●●●●●●●●●●●●●●●●●●●●●●

　　作者任滁州刺史时，游览至滁州西涧，写下了这首诗情浓郁的小诗。

　　"独怜幽草涧边生，上有黄鹂深树鸣"是说：诗人唯独喜爱涧边生长的幽草，还有在树林深处啼鸣的黄鹂。这是清丽的色彩与动听的音乐交织成的幽雅景致。晚春时节，百花已开过，诗人散步到此处，只见一片青草萋萋。这里幽草、深树，透出一股幽冷之感，虽然比不上百花妩媚娇艳，但它们那青翠欲滴的身姿，那自甘寂寞、不肯取悦他人的特点，与作者好静的性格相似，自然而然地赢得了作者的喜爱。这里，"独怜"二字，感情色彩甚为浓郁，表露了作者闲适恬淡的心境。首句写静，次句则写动。黄鹂啼声婉转，在树丛深处流动。莺啼声似乎打破了刚才的沉寂和悠闲，在诗人静谧的心田荡起更深一层的涟漪。次句前头一"上"字，不仅仅是写客观景物的时空转移，重要的是写出了诗人随缘自适、怡然自得的开朗和豁达。

　　后二句，晚潮加上春雨，渡口水势更急。而郊野渡口本就行人寥寥，此刻更是无人，连船夫也不在了，只见空空的渡船自在漂浮，悠然漠然。水急舟横，由于渡口在郊野，无人问津；倘使在要津，则傍晚雨中潮涨，正是渡船大用之时，自然不能悠然空泊了。因此，在这水急舟横的悠闲景象里，蕴含着诗人不在其位、不得其用的无奈和忧伤的情怀。

诗人用"独怜"这个字眼，表露出诗人安贫守节、不高居媚时的胸襟，后两句在水急舟横的悠闲景象中，蕴含着一种不在其位、不得其用的无奈、忧虑、悲伤的情怀。诗人以情写景，借景述意，写自己喜爱和不喜爱的景物，说自己合意和不合意的事情，而胸襟恬淡、情怀忧伤，便自然地在诗中流露出来。

扫码听故事，回答问题：

　　1. 韦应物曾经是唐代哪个皇帝的贴身侍卫？

　　2. "王孟韦柳"指的是唐代哪四位田园诗人？

大林寺桃花

[唐] 白居易

人间四月芳菲①尽②，

山寺桃花始③盛开。

长恨④春归⑤无觅⑥处，

不知转⑦入此中⑧来。

注释

①芳菲：盛开的花，亦可泛指花，花草艳盛的阳春景色。

②尽：指花凋谢了。

③始：才，刚刚。

④长恨：常常惋惜。

⑤春归：春天回去了。

⑥觅：寻找。

⑦转：反。

⑧此中：这深山的寺庙里。

📖 诗词讲解 ••••••••••••••••••••••••••••••••••

　　四月已经是平地上百花凋落的时候，高山古寺中的桃花却刚刚盛开。我常常为春光悄悄逝去无处寻觅心感惋惜，却不知道它已经悄悄地转到这里来了。

🎨 诗词赏析 ••••••••••••••••••••••••••••••••••

　　"人间四月芳菲尽，山寺桃花始盛开"两句，是写诗人登山时已经快要进入夏天，这时春天即将结束，盛开的繁花到了凋落的时候了。但令人惊喜的是在这高山古寺之中，诗人又遇上了意想不到的春景——一片刚刚盛开的桃花。从紧跟在次句后面的"长恨春归无觅处"一句可以得知，诗人在登山之前就曾为春光的匆匆逝去而心怀怨恨，还有一丝恼怒与失望。因此当这意料之外的一片春景冲入眼帘时诗人该是多么惊异和欣喜。诗中第一句的"芳菲尽"与第二句的"始盛开"，是在对比中遥相呼应的。它们表面上是纪实写景，实际上也是在写感情和思绪上的跳跃——由一种愁绪满怀的感叹之情，突然转变为惊异、欣喜，以至心花怒放。而且在首句开头，诗人着意用了"人间"二字，这意味着这一奇遇、这一胜景，给诗人带来一种特殊的感受，即仿佛从人间的现实世界突然步入了仙境，置身世外桃源般的另一世界。正是在这一感受的触发下，诗人想象力的翅膀飞腾起来了。"长恨春归无觅处，不知转入此中来。"诗人想到，自己曾因为惜春、恋春，以致怨恨春去的无情，但谁知他错怪了春，原来它并未离去，只不过像小孩子玩捉迷藏一样，偷偷地躲到高山古寺里来了。

　　这首诗中，诗人用桃花代替抽象的春光，把春光写得具体可感，形象美丽；而且还把春光拟人化，把春光写得仿佛真是有脚似的，可以转来躲去。不，不仅是有脚而已，它还具有顽皮的性格呢。自然界的春光被描写得如此生动具体、活灵活现、天真可爱，如果没有对春的无限留恋、热爱，没有一片童心，诗人是写不出这样的诗来的。

扫码听故事，回答问题：

　　1.唐代三大诗人是李白、杜甫、白居易。你觉得白居易能认识李白、杜甫吗？
　　2.你知道大林寺的桃花为什么比山下的开得迟吗？

四年级·上

鹿柴①

[唐] 王维

空山不见人，

但闻②人语响。

返景③入深林，

复照④青苔上。

以学生喜欢的方式学古诗

注释 ✎

①鹿柴："柴"同"寨"，栅栏。此为地名。

②但：只。闻：听见。

③返景：夕阳返照的光。"景"古时同"影"。

④照：照耀（着）。

 诗词讲解 ●

　　空旷、寂静的山谷里看不见人影，只能听到人说话的声音。落日的余晖照入了幽暗的深林，透过树木又照映在青苔上。

 诗词赏析 ●

　　这首诗是诗人王维隐居时所创作的，描写的是鹿柴附近傍晚时分空旷、幽静的山林景色。

　　"空山不见人，但闻人语响。"从这两句我们可以看出山中一个人都看不见，说明山极其安静，接下来诗人又说听到人说话的声音，这说明空山寥落。山中并不是完全没有人，但诗人只能听见他们的声音，见不到他们的人影，衬托出空山的寥落。按照我们日常的生活经验来说，一个人走在深山密林之中，即便是看不到人影，也能听见大自然那丰富多彩的声音，比如鸟虫叫声、水流声。然而，诗人只是紧紧抓住偶尔传来的人说话的声音，本来一切是悄无声息的，"人语响"一下就打破了山中的寂静，更加突出了这座空山的寥落。

"返景入深林，复照青苔上。"诗人见不到人影没关系，可以见到日影。按道理空山如此寥落，环境越是幽深光线越是幽暗，才能看出山是空山，诗人却偏偏不这样写，笔锋一转写"返景入深林"。夕阳的余晖照进了深林之中，空山寥落，本来凄清的景色，突然加上了一抹温暖的色彩。那夕阳照在什么上面呢？照在青苔上，山中潮湿阴冷，苔藓满地，透过树影，稀薄的夕阳余晖洒在青苔上面。第三、第四句描绘的景色看上去带给我们暖暖的感觉，但仔细分析一下，寥落的空山，夕阳西下，只有一小片的光影映在青苔上面，和周围的幽暗构成强烈对比，这种暖暖的感觉背后是更大的清冷与幽静，这是诗人运用了对比与反衬的手法，来表现这座山的空、清、寂静、冷。夕阳的余晖带来的不是暖意，而是黑暗前的最后一缕光明。

诗人写这首诗时就像是一位大自然的观察者，在细心地品味着空山的寂静，欣赏着残阳下的青苔。空山中那一阵阵人说话的声音和一点暖暖的光线反衬出空山的空，意味深长，回味无穷。

扫码听故事，回答问题：

1. "每逢佳节倍思亲"的千古名句是王维多少岁时写的？

2. 王维居住的辋川别业中，像鹿柴这样的美景有多少处？

暮江吟①

[唐] 白居易

一道残阳②铺水中，

半江瑟瑟③半江红。

可怜④九月初三⑤夜，

露似真珠⑥月似弓⑦。

注释

①暮江吟：黄昏时分在江边所作的诗。吟，古代诗歌体裁的一种。

②残阳：快落山的太阳的光。也指晚霞。

③瑟瑟：这里形容未受到残阳照射的江水所呈现的青绿色。

④可怜：可爱。

⑤九月初三：农历九月初三的时候。

⑥真珠：即珍珠。

⑦月似弓：农历九月初三，上蛾眉月，其弯如弓。

 诗词讲解 ● ● ● ● ● ● ● ● ● ● ● ● ● ● ● ● ● ●

夕阳西下，太阳的余晖柔和地照耀在江面上，江水一半是碧绿色，一半是艳红色，波光粼粼，十分漂亮。最可爱的是那九月初三的夜晚，露珠像颗颗珍珠，明朗的蛾眉月仿佛是一把弯弓。

 诗词赏析 ● ● ● ● ● ● ● ● ● ● ● ● ● ● ● ● ● ●

这是一首有名的写景诗。诗人选取了两幅幽静精美的自然画面进行描写，一幅是夕阳西沉、晚霞映江的绚丽景象，一幅是弯月初升、露珠晶莹的朦胧夜色。诗人又在诗句中加入比喻的写法，使整首诗描写的景色倍显生动。

诗的第一、第二句，"一道残阳铺水中，半江瑟瑟半江红"描写的是夕阳西下。此时太阳已经接近地平面了，落日的余晖好像是紧紧贴着江面一样。"瑟瑟"在这里指的是没有被夕阳照射到的江面所呈现的青绿色。天气很晴朗，连一丝风都没有，江水在缓缓地流动。让人惊讶的是，江面居然呈现出了两种颜色：被夕阳照亮的地方，是红艳艳的；没被太阳照耀到的江水，是青绿色的。在夕阳的照耀下，暮江波光粼粼，江面瞬息变化的光色让人喜爱不已，诗人也沉醉在这红绿交映的美景中无法自拔了。

　　诗人流连忘返，干脆坐在江边欣赏起美景来，忘了时间。渐渐地，太阳落山了，月亮升起的时候诗人看到了更美好的景象，忍不住感叹"可怜九月初三夜"，这九月初三的夜晚真是太可爱了！九月初三，是农历，指进入深秋的时节。深秋的晚上天气还是比较凉的，在江边空气比较湿润，草木上容易凝结起露珠，因此就有了诗的最后一句。

　　最后一句"露似真珠月似弓"。诗人弯腰一看，发现江边的草地上挂满了晶莹的露珠，这草地上挂满的一颗颗露珠像是一颗颗珍珠。诗人再抬头一看，弯弯的月亮挂在空中，就像是碧蓝的天幕上悬挂了一张精巧的弯弓。九月初三，月亮刚出现，还是月牙儿，弯弯的，所以像一张弓。这句重点写了露珠和月亮，把露珠比作珍珠，把月亮比作弯弓，连着用了两个比喻，让美丽的景色变得更加具体了，描绘出深秋月夜的迷人景象。整首诗蕴含着诗人内心深处的情思，表达了诗人对大自然的喜爱、热爱之情。

扫码听故事，回答问题：

　　1.写这首诗时，白居易被朝廷派到哪里去做官？
　　2.白居易的诗歌题材广泛，但他写什么题材的作品很少？

题西林壁①

[宋] 苏 轼

横 看② 成 岭 侧③ 成 峰，

远 近 高 低 各 不 同④。

不 识⑤ 庐 山 真 面 目⑥，

只 缘⑦ 身 在 此 山⑧ 中 。

注释

①题西林壁：写在西林寺的墙壁上。西林寺在庐山西麓。题：书写，题写。

②横看：从正面看。庐山山脉是南北走向，横看就是从东面或西面看。

③侧：从侧面看。

④各不同：各不相同。

⑤不识：不能认识、辨别。

⑥真面目：指庐山真实的景色、形状。

⑦缘：因为，由于。

⑧此山：这座山，指庐山。

 诗词讲解 ●●●●●●●●●●●●●●●●●●●●

从正面看庐山，山岭连绵起伏，从侧面看庐山山峰耸立，从远处、近处、高处、低处看庐山，庐山呈现各种不同的样子。我之所以认不清庐山真正的面目，是因为我自身处在庐山之中。

 诗词赏析 ●●●●●●●●●●●●●●●●●●●●

诗人在游览庐山时，把自己的感受写在寺庙的墙壁上，这首诗在描绘庐山景色的同时蕴含哲理。

"横看成岭侧成峰，远近高低各不同。"一般人们去游览庐山时，都是直接进入山里面，看到的都是山的一部分。诗人观赏庐山时见过庐山不同的样子，从不同的角度看庐山，就能得到不同的庐山面貌。庐山横着看连绵起伏，侧着看山峰耸立，从远处、近处、高处、低处看都呈现出不同的样子，这两句概括而形象地写出了千姿百态的庐山风景。那么庐山到底是什么样子的呢？

"不识庐山真面目，只缘身在此山中"，平时我们到底是在哪里看的山呢？庐山的面貌千变万化，看不清楚，这是因为自己就在山里，视野为庐山的峰峦所局限，看到的只是庐山的局部。诗人悟出这个道理之后，拿起笔在西林寺的墙壁上写下了这首古诗。

诗人的这首诗给我们提供了一个思考的角度，其实往往"当局者迷，旁观者清"，置身其中不能看清事物的本质，只有走出谜团，从全局的角度才能看清事物的全貌。我们的人生可能会经历很多风雨，也可能会经历很多曲折，只要我们本着实事求是的态度，就会摆脱主观的成见。因此，这首小诗格外蕴藉，思致邈远，使人百读不厌。

扫码听故事，回答问题：

1. 俗话说："当局者迷，旁观者清。"诗中有哪句诗说明了这个道理？
2. 从《题西林壁》这首诗中你得到了什么启发？

雪 梅

[宋]卢钺

梅雪争春未肯降^①，

骚人^②阁笔^③费评章^④。

梅须逊^⑤雪三分白，

雪却输梅一段香。

 注释

①降：服输。

②骚人：诗人。

③阁笔：放下笔。阁，同"搁"，放下。

④评章：评议。这里指评议梅与雪的高下。

⑤逊：不及，比不上。

 **诗词讲解** ···

　　梅花和雪花互相竞争，都认为自己最具有早春的特色，谁也不肯服输。诗人一时也难以评论高下，只得放下笔仔细思考。梅花比不上雪花的晶莹洁白，雪花没有梅花的幽香。

 诗人简介 ···

　　卢钺（生卒年不详），字威节，闽县（今福建福州）人。卢钺为宋理宗淳祐四年（1244）进士，调建昌军学教授，景定五年（1264）被任命为秘书郎。宋度宗咸淳三年（1267），卢钺升迁为著作郎，五年后被选拔为给事中，最终成为户部尚书。其以两首《雪梅》诗流芳百世。

 诗词赏析 ···

　　雪、梅都是报春的使者、冬去春来的象征。在诗人的笔下，二者却为争春发生了"争吵"，诗人认真思索，做出了评判。

　　"梅雪争春未肯降"，"降"在这里就是服输的意思，梅花和雪花吵吵闹闹，都觉得自己是初春里最美的景色，谁也不肯服输。诗人采用拟人手法写梅花与雪花相互竞争，这就将早春的梅花与雪花之美别出心裁、生动活泼地表现出来了。

　　"骚人阁笔费评章"，古人常说"骚人墨客"，"骚人"指的是非常有才华的诗人；"阁"同"搁"，是放下的意思；

"评章"指评判议论，这里指诗人在评判雪和梅的高下。诗人原以为可以立马得出结论，但由于难以评判，连忙放下笔来仔细斟酌它俩谁更美。

"梅须逊雪三分白，雪却输梅一段香。"这就是诗人对梅与雪的评判，"逊"在这里是比不上的意思，诗人是说梅花比不上雪花的洁白，但是雪花没有梅花扑鼻的香气，巧妙地托出二者的长处与不足。

古往今来，有很多文人墨客已经注意到梅与雪的这些特点，经常把梅花当作品格高贵、孤芳自赏的君子。在诗人的笔下，雪和梅却像小孩子一样争吵，都认为自己是春日里最美的景色，而且谁也不肯退让，诗人把梅花和雪花生动形象地表现出来了。诗的后两句又巧妙地写出二者各自的长处与不足：梅花不如雪花白，雪花没有梅花香。这首诗是告诉我们，一个人既有长处，又有短处，不要因为长处而骄傲自满，也不要因为短处而难过自卑，"天生我材必有用"，我们要互相取长补短，相信自己。

扫码听故事，回答问题：

1. 孟浩然说自己的"诗思"在哪里？
2. 在雪和梅花之间，你知道王安石更喜欢哪一个吗？

嫦娥①
cháng é

[唐] 李商隐

云母屏风②烛影深③，

长河④渐落晓星⑤沉。

嫦娥应悔偷灵药⑥，

碧海青天⑦夜夜心⑧。

注释

①嫦娥：神话中的月中仙子，传说是后羿的妻子。

②云母屏风：以云母石制作的屏风。云母，一种矿物，板状，晶体透明有光泽，古代常用来装饰窗户、屏风等物。

③深：暗淡。

④长河：银河。

⑤晓星：晨星。或指启明星，清晨时出现在东方。

⑥灵药：指长生不老药。

⑦碧海青天：形容嫦娥枯燥的生活。碧海：形容蓝天苍碧如同大海。

⑧夜夜心：指嫦娥每晚都会感到孤单。

 诗词讲解 ••••••••••••••••••

云母屏风上烛影暗淡，银河渐渐斜落，晨星也隐没低沉。嫦娥应该后悔偷取了长生不老之药，如今空对碧海青天夜夜孤寂。

诗人简介 ••••••••••••••••••

李商隐（约813—约858），晚唐著名诗人。字义山，号玉溪（谿）生，怀州河内（今河南沁阳）人。他擅长骈文写作，诗作文学价值也很高，和杜牧合称"小李杜"，与温庭筠合称为"温李"，因诗文与同时期的段成式、温庭筠风格相近，且三人都在家族里排行第十六，故并称为"三十六体"。其诗构思新奇，风格秾丽，尤其是一些爱情诗写得缠绵悱恻、优美动人，广为传诵。

 **诗词赏析** ●●●●●●●●●●●●●●●●●●●●

  此诗咏叹嫦娥在月中的孤寂情景，抒发诗人伤怀之情。前两句分别描写室内、室外的环境，渲染空寂清冷的气氛，表现主人公怀思的情绪；后两句是主人公在一宵痛苦的思忆之后产生的感想，表达了一种孤寂感。全诗情调感伤，意蕴丰富，奇思妙想，真实动人。

  "云母屏风烛影深，长河渐落晓星沉。""云母"是一种矿物，晶体透明有光泽，古代常用来装饰窗户、屏风等物。云母屏风就是以云母石制作的屏风。"深"是暗淡的意思，"长河"指的是银河。"晓星"即晨星或者启明星，清晨时出现在东方。云母屏风染上一层浓浓的烛影，银河逐渐斜落，启明星已经下沉，显出居室的空寂清冷，透露出主人公在长夜独坐时黯然的心境。"沉"字逼真地描绘出晨星低垂、欲落未落的状态，主人公的心似乎也正在逐渐沉下去。"渐"字，暗示了时间的推移流逝。主人公面对冷屏残烛、青天孤月，又度过了一个不眠之夜。借助环境氛围的渲染，主人公孤清凄冷的情怀和不堪忍受寂寞包围的意绪几乎可以被我们触摸到。

  嫦娥想必悔恨当初偷吃灵药，现在只有青天碧海夜夜陪伴着她孤独的心。这首诗是嫦娥孤寂内心的独白。前两句"云母屏风烛影深，长河渐落晓星沉"描绘主人公所处的环境。烛光摇曳，将嫦娥孤单的身影印在云母屏风上，透露出深深的孤寂。"沉"字描绘了星星沿银河西垂，星辰寥落的景象，嫦娥的心也随星星一同沉了下去。后两句"嫦娥应悔偷灵药，碧海青天夜夜心"。"应悔"有揣度的意思。诗人体贴嫦娥孤独的处境，认为她想必早已懊悔偷吃灵药，如今和他一样承受着日日夜夜的孤寂。诗中浓重伤感的美，极具艺术感染力，令读者也为之神伤。

扫码听故事，回答问题：

1. 诗中"云母屏风"指的是什么呀？

2. 诗人借嫦娥奔月的故事抒写了怎样的感受？

出　塞 ^{sài}

[唐] 王昌龄

秦^{qín} 时 明 月 汉 时 关 ，
万 里 长 征^{zhēng} 人 未 还 。
但 使^① 龙 城 飞 将^{jiàng}^② 在 ，
不 教^③ 胡 马^④ 度^⑤ 阴 山^⑥ 。

注释

①但使：只要。

②龙城飞将：汉朝名将李广。这里泛指英勇善战的将领。

③不教：不叫，不让。教，令，使。

④胡马：指侵扰中原的北方游牧民族骑兵。

⑤度：越过。

⑥阴山：位于今内蒙古中部及河北北部。

 诗词讲解

依旧是秦汉时期的明月和边关，到如今多少战士万里出征不见回还。倘若像汉代李广那样的名将如今还在，一定不会让敌人的铁蹄踏过阴山。

诗词赏析

"出塞"是汉乐府旧题。当时"出塞"多用来写边塞军旅之事。这首诗表达了诗人希望朝廷任用良将，早日平息边塞战事，使人民过上安定的生活的愿望。

"秦时明月汉时关，万里长征人未还。"诗人从描写景物入手，首句勾勒出冷月照边关的苍凉景象。第一句是"秦""汉""关""月"四字交错使用，在修辞上叫"互文见义"，指的是秦汉时的明月和秦汉时的边关。王朝更迭，边关还是边关，历经百年沧桑，战争也连绵不断。"万里长征人未还"中的"万里"指边塞和内地相距万里，虽属虚指，却突出了空间辽阔；"人未还"使人联想到战争给人带来的灾难，延续了几百年的悲剧。看着战争给人们带来的苦难，诗人多么渴望百姓能过上安宁的生活。

"但使龙城飞将在，不教胡马度阴山。""但使"是只要、假如的意思。"龙城飞将"就是汉代名将李广。"不教"是不叫、不让的意思。"胡马"是指匈奴的军队。"阴山"也就是阴山山脉，汉朝时期匈奴经常从这里入侵中原。如果李广将军依然镇守着边关，绝对不会让匈奴的军队越过阴山。这两句写得含蓄、巧妙，让人们在对往事的对比中得出必要的结论。

这首诗表达了诗人对天下太平的强烈期盼。历经千年的边关，万里之外的征战，王昌龄用平凡的词语将他那平凡的期望凝聚成了这不平凡的千古名篇。

扫码听故事，回答问题：

1. 王昌龄被评价为"七绝圣手"是因为什么？

2. 王昌龄是被谁冤杀的？又是谁给王昌龄报了仇？

凉州词①

[唐]王翰

葡萄美酒夜光杯②，

欲饮琵琶马上催③。

醉卧沙场④君莫笑，

古来征战几人回？

注释

①凉州词：唐代曲名，起源于凉州（今甘肃武威）一带。

②夜光杯：用美玉制成的杯子，夜间能够发光。这里指精致的酒杯。

③欲饮琵琶马上催：正要举杯痛饮，却听到马上响起琵琶的声音，在催人出发了。

④沙场：战场。

 诗词讲解

　　酒席上香醇的葡萄美酒倒入了夜光杯中，正要喝的时候，琵琶声马上响了起来。如果将士们醉卧在沙场上，也请你不要笑话，古来外出打仗的能有几人返回家乡？

 诗人简介

　　王翰（687—726）唐著名边塞诗人。，字子羽，晋阳（今山西太原）人。

　　据说王翰家境富裕，少年时豪放有才华，洒脱不受束缚，考中进士后，仍然每日好喝酒。

　　王翰豪放不羁的性格导致他仕途不顺。他的诗感情奔放，文笔流丽，被人们喜爱。令人惋惜的是，王翰这样一个与王昌龄同时期的有才气的诗人，诗集没有留传下来。

 诗词赏析

　　这是一首盛唐边塞诗中的杰作。边塞诗以对战争的态度来划分，可以分为歌颂战争和反战两种，而这首《凉州词》显然是一首反对战争的诗歌。

　　"葡萄美酒夜光杯"，葡萄酒是西域特产，夜光杯是白玉做成的杯子，华美而名贵，这显然都不是边疆战士可以接触到的，所以这是诗人表达"酒美"的一种写法。

"欲饮琵琶马上催"中的"欲饮"二字，指酒还没喝到，就有琵琶声响起。"马上催"，催什么？催着战士们出征。"马上"二字，往往使人联想到"出发"，其实在西域胡人中，琵琶本来就是骑在马上弹奏的。这两句也让我们读出这是一首极具地方色彩的边塞诗。

"醉卧沙场"，这里指的应该是战士在战场上牺牲了。反正这也是难免的事情，还不如当作喝醉后睡倒在战场上，从这里我们读出了战士们笑谈生死的豪情。

"古来征战几人回？""古来"二字增添了诗歌的历史感，战死沙场是自古以来就会发生的事情，这是一条不归路，展现了战士们视死如归的勇气。

作为边塞诗的代表作，这首诗通篇没有正面描写战争，而是描写了战士们出征前饮酒的场面。明快的语言、变化的节奏，别具风味，看似豪爽，实则是看破战争后的悲壮，这正是盛唐边塞诗的特色。

扫码听故事，回答问题：

1. 边塞诗的内容主要包括哪两方面？
2. 传说中，"酒泉"这个名字的由来与西汉时期的哪位名将有关？

夏日绝句

[宋] 李清照

生 当 作 人 杰^①，

死 亦 为 鬼 雄^②。

至 今 思 项 羽^③，

不 肯 过 江 东^④。

注释

①人杰：人中的豪杰。汉高祖曾称赞开国功臣张良、萧何、韩信是"人杰"。

②鬼雄：鬼中的英雄。屈原《国殇》："身既死兮神以灵，子魂魄兮为鬼雄。"

③项羽：秦朝末年的起义军领袖，后来与刘邦争夺天下，失败自杀。

④不肯过江东：项羽在与刘邦的斗争中失败，有人劝他东渡长江，再作打算。但他觉得无颜见江东父老，不肯渡江，自杀身死。江东，长江在安徽芜湖、江苏南京间作西南、东北流向，古人习惯上称自此以下的长江南岸地区为江东。

诗词讲解 ●

　　活着的时候应当做人中豪杰,死后也要做鬼中英雄。到今天人们还在怀念项羽,因为他不肯苟且偷生,退回江东。

 诗人简介 ●

　　李清照(1084—约1151),宋女词人。号易安居士,齐州章丘(今山东章丘西北)人。婉约词派代表,有"千古第一才女"之称。

　　李清照出生于书香门第,早期生活富裕,她的父亲李格非藏书非常多,她小时候就在良好的家庭环境中打下文学基础。出嫁后李清照与丈夫赵明诚共同致力于金石书画的搜集整理,共同从事学术研究,志趣相投,生活美满。金兵占据中原时,李清照流落他乡到了南方,处境困难。她作的词,前期多写她的悠闲生活,后期多悲叹身世,情调感伤,形式上善用白描手法,语言清丽。她著有《论词》,强调音律和谐,崇尚典雅,提出词"别是一家"之说,反对用创作诗文的方法创作词。她能作诗,但留存不多,部分篇章感慨历史变迁,情感与用词大方豪放,与她的词风格不同。她的词作独步一时,流传千古,本人被誉为"词家一大宗"。

　　李清照有《易安居士文集》《易安词》,已经失传。后人有《漱玉词》辑本。今有《李清照集校注》。

诗词赏析

　　《夏日绝句》是宋代词人李清照创作的一首五言绝句，原题为《乌江》，从题目我们就可以看出，这首诗歌是描写楚霸王项羽的。

　　诗歌的前两句运用两个典故描写项羽。"人杰"一词来源于汉高祖刘邦，刘邦曾说开国功臣张良、萧何、韩信这三个天下最棒的人为自己所用，是自己战胜项羽的主要原因，这三人称得上是"人杰"；"鬼雄"一词源于《楚辞·九歌·国殇》中的"身既死兮神以灵，子魂魄兮为鬼雄"。李清照用"人杰""鬼雄"两个褒义词形容项羽，可见其对项羽的高度赞美。

　　"至今思项羽，不肯过江东。"这正是李清照肯定项羽的原因。同样面对着兵败的处境，项羽选择自刎表达自己的气节、保住自己的尊严。所以这也是一首借古讽今、抒发悲愤的怀古诗。

　　面对破碎的山河、懦弱的朝廷，李清照一改以往委婉含蓄的风格，直接而又豪迈地赞扬项羽。虽然项羽败了，但是他宁死不屈的精神确实值得赞颂，不以成败论英雄，这也是这首诗歌的魅力所在。

扫码听故事，回答问题：

　　1. 李清照的丈夫赵明诚做了什么事，让她十分羞愧？

　　2. 项羽"不肯过江东"，最终结局怎么样？

别董大①

[唐] 高 适

千里黄云②白日曛③，

北风吹雁雪纷纷。

莫愁前路无知己，

天下谁人不识君④？

注释

①董大：指董庭兰，是当时有名的音乐家，在其兄弟中排名第一，故称"董大"。

②黄云：天上的乌云。在阳光下，乌云是暗黄色，所以叫黄云。

③白日曛：太阳暗淡无光。曛，即曛黄，指夕阳西沉时的昏黄景色。

　　④君：你，这里指董大。

诗词讲解

　　天上千里的乌云遮蔽了太阳，天昏沉沉的，北风夹杂着纷纷大雪吹得大雁飞行艰难。不要担心今后的路上没有知己之人，这天下还有谁不认识你呢？

诗人简介

　　高适（约700—765），唐边塞诗人。字达夫，一字仲武，渤海蓨（今河北景县）人，与岑参、王昌龄、王之涣合称"边塞四诗人"。高适曾担任刑部侍郎、左散骑常侍，被册封为渤海县侯。

　　高适年少时喜欢交友游玩，有游侠的风范，并期望自己可以建功立业，早年曾游历长安，后到过蓟门、卢龙一带，渴望被重用，都没有成功。在此前后，他曾在宋中居住，与李白、杜甫结交。他的诗直率地抒发自己的思想感情，不喜欢修饰，以七言歌行最具特色，大多写边塞生活。

　　765年，高适去世，追赠礼部尚书，谥号为忠。其著有《高常侍集》二十卷。

诗词赏析

　　《别董大》是高适送别诗中的代表作，也是送别友人的千古佳作。

"千里黄云白日曛，北风吹雁雪纷纷。""黄云""白日""北风""大雁""雪"这些景物勾画出了寒冷冬天里凄凉的画面。"黄""白"两个颜色词暗示此刻的天应该是灰沉沉的。为什么呢？是因为北方正处于大雪纷纷的冬天。"莫愁前路无知己"，诗人"愁"的绝对不单是此刻不好的天气，更是自己与朋友董大迷茫的前途，所以此刻凄凉的不仅是天气，诗人内心也是悲伤痛苦的，甚至大哭一场都不过分。但是高适并没有这样，而是像个战士一样，这样的情况只会更加激起他的斗志。他告诉董大"莫愁"，"天下谁人不识君？"

让董大在绝望中看到希望，让友人重拾希望，诗人用自己的豪情抹去了朋友的愁情。

这是属于高适的充满力量的劝慰和祝福，联想他此时处于前途茫茫、人生困顿的时刻，送别时看到的景色也是空旷凄凉的，但是高适依旧乐观向上。这一句话何尝不是高适说给自己的？不屈的灵魂总是最能打动人心，而处于盛唐时期的高适，他的边塞诗中多是这种以天下为己任、奋发进取的乐观精神。

扫码听故事，回答问题：

1. 高适一生出塞几次？这首诗歌是他第几次出塞的时候写的？
2. 诗歌中哪一句充满了催人奋进的力量？

以学生喜欢的方式学古诗

林志华 主编

 下册

四年级·下

四时田园杂兴① （其二十五）

[宋] 范成大

梅子金黄杏子肥，

麦花雪白菜花稀。

日长篱落②无人过，

惟有蜻蜓蛱蝶③飞。

注释

①杂兴：随兴而写的诗。"兴"，这里读 xìng。

②篱落：篱笆。

③蛱蝶：蝴蝶的一种。

诗词讲解

　　初夏正是梅子变得金黄、杏子长得饱满的时节，麦穗扬着白花，油菜花差不多落尽正在结籽。夏日白天长，篱笆边没有人走过，大家都在田间忙碌，只有蜻蜓和蝴蝶在款款飞舞。

 诗人简介

　　范成大（1126—1193），南宋名臣、文学家。字至能，早年自号此山居士，晚年号石湖居士，吴县（今江苏苏州）人。

　　范成大一直以来因为文章写得好而出名，尤其擅长写诗。他从江西派入手，后学习中晚唐诗，继承白居易、王建、张籍等诗人新乐府诗的现实主义精神，终于自成一家，风格平易浅显、清新妩媚。诗题材广泛，以反映农村社会生活内容的作品成就最高。他与杨万里、陆游、尤袤合称南宋"中兴四大诗人"。他的作品在南宋末年就产生了深远的影响，到清初影响更大，有"家剑南而户石湖"的说法，意思就是家家都有陆游的《剑南诗稿》，而户户都有范成大的《石湖居士诗集》，可见范成大的作品流传之广。范成大著有《石湖集》《揽辔录》《吴船录》《吴郡志》《桂海虞衡志》等。

 诗词赏析

　　《四时田园杂兴（其二十五）》这首诗写的是初夏江南的田园景色。

　　前两句作者抓住梅子的黄、麦花的白以及菜花的绿让田园色彩鲜艳；肥肥的杏子、雪白的麦花让田园香气四溢，令人向往。诗人用词简练精准，写出了夏季农村景物的特点，有花有果，有色有形，满满的田园味。

虽然白天时间长，但是路上依旧没人行走，人都去哪里了？原来都在田间劳作。诗的第三句从侧面写出了农民劳动的场景。最后一句"惟有蜻蜓蛱蝶飞"，为辛劳的农忙带来了趣味性，同时也更加衬托出村中的寂静，静中有动，显得更静。诗人用清新的笔调，对农村初夏时的紧张劳动气氛做了较为细腻的描写，读来意趣横生。

《四时田园杂兴六十首》是南宋诗人范成大退居家乡后写的一组大型的田园诗，分春日、晚春、夏日、秋日、冬日五部分，每部分十二首，共六十首。"四时"就是四季的意思，诗歌描写了农村春、夏、秋、冬四个季节的景色和农民的生活，同时反映了农民遭受的剥削以及生活的困苦。

扫码听故事，回答问题：

1. 传说中，石湖的名字是怎么得来的？

2. 当代哪个人评价范成大的《四时田园杂兴》组诗为"中国古代田园诗的集大成"？

宿新市^①徐公店

[宋]杨万里

篱落疏疏^②一径深，

树头新绿未成阴^③。

儿童急走^④追黄蝶，

飞入菜花无处寻。

注释

①新市：地名，在今湖南攸县北。
②疏疏：稀疏。
③阴：树荫。
④急走：奔跑。

 诗词讲解

篱笆稀稀拉拉，一条小路通向远方，树上的花瓣纷纷飘落，新叶长出尚未形成树荫。小孩子飞快地奔跑着追赶黄色的蝴蝶，可是蝴蝶飞入菜花就再也找不到了。

诗词赏析

《宿新市徐公店》是一首描写暮春农村景色的诗歌，给我们描绘了一幅春意盎然的儿童扑蝶图。

"篱落疏疏一径深"，用篱落和小径点明诗中地点是农村。篱笆是稀稀疏疏的，小径深，也就是小路很长很长，似乎看不到尽头。宽广的篱落与窄小的小径相对照，突出了农村的清新与宁静。"树头新绿未成阴"，树上的花已经落了，但树叶还没有长得很茂密，展示出农村自然、朴素的风貌。

"儿童急走追黄蝶"中的"急走"与"追"相结合，儿童跑跑跳跳地双手扑打蝴蝶的兴奋、欢快场面就历历在目了，写出了儿童的天真活泼。"飞入菜花无处寻"，繁茂的菜花海洋中飞入一只蝴蝶，自然是无处寻了。我们可以想象到，这时儿童东张西望、四处搜寻的焦急状态，以及搜寻不着的失望情绪，这更表现出儿童的天真和稚气。

诗歌前两句是对农村场景的静态描写，后两句是对儿童和蝴蝶的动态描写，景物与人物相结合，动静相间的写作手法，成功地刻画出农村春末夏初季节恬淡自然、宁静清新的风光以及天真活泼的孩童形象。

扫码听故事，回答问题：

1.杨万里是"诚斋体"诗的开山鼻祖，"诚斋"是怎么来的？

2.诗题中的徐公是做什么的？

清平乐·村居①

[宋] 辛弃疾

茅檐低小，溪上青青草。

醉里吴音②相媚好③，白发谁家翁媪④？

大儿锄豆⑤溪东，中儿正织鸡笼。

最喜小儿亡赖⑥，溪头卧剥莲蓬。

注释

①清平乐：词牌名。"乐"，这里读 yuè。村居：词题。

②吴音：这首词是辛弃疾闲居带湖（今属江西）时写的。此地古代属吴地，所以称当地的方言为"吴音"。

③相媚好：指相互逗趣、取乐。

④翁媪：老翁、老妇。

⑤锄豆：锄掉豆田里的草。

⑥亡赖：同"无赖"，这里指顽皮、淘气。"亡"，这里读 wú。

 诗词讲解 ●

　　草屋的茅檐又低又小，溪边长满了翠绿的小草。含有醉意的吴地方言听起来温柔又美好，那满头白发的是谁家的年迈父母？

　　大儿子在溪东边的豆田锄草，二儿子正在家里编织鸡笼。我最喜欢的顽皮的小儿子正横卧在溪头草丛里，剥着刚摘下的莲蓬。

 诗人简介 ●

　　辛弃疾（1140—1207），南宋词人。原字坦夫，后改字幼安，号稼轩，历城（今山东济南）人。

　　辛弃疾现存词作六百多首，是两宋存词最多的作家。他是中国历史上伟大的豪放派词人、爱国者、军事家和政治家，强烈的爱国主义思想和战斗精神是辛词的基本思想内容。辛弃疾有"词中之龙"之称，与苏轼并称"苏辛"，与李清照并称"济南二安"。

　　他独特的词作，艺术风格多样，以豪放为主，热情洋溢，慷慨悲壮，被称为"稼轩体"，造就了南宋词坛一代大家。他有词集《稼轩长短句》。

诗词赏析 •

　　《清平乐·村居》是辛弃疾描写农村生活的佳作，向我们展现了一幅有声有色的农村风俗画。

　　词的标题一般分为两部分，"清平乐"是词牌名，"村居"是词的题目，"村居"就是指在农村生活。

　　词分上、下两阕。

　　上阕为我们介绍了住在溪边的一对老夫妇。"茅檐低小，溪上青青草。"茅屋、小溪、青草，诗人把农村中常见的景物组合在一个画面里，却显得他们居住的环境十分清新秀丽。坐在门前休息的一对白发翁媪正在低声细语，诗人平淡的笔触似乎让我们看到了那种温暖、惬意的老年夫妻的幸福生活。

　　下阕为我们介绍了老夫妇的三个儿子：锄草的大儿子、编织鸡笼的二儿子、躺卧在溪边剥莲蓬吃的小儿子。这几句虽然写得极为通俗易懂，但刻画出了鲜明的人物形象。"卧"字用得极妙，真实而细致地写出了小儿天真、活泼、顽皮的劲儿。

　　整首词紧紧围绕着小溪，描写了翁媪及三个儿子的活动。作者通过这样简单的情节安排，就把生机勃勃、和平宁静、朴素安适的农村生活真实地反映出来了，给人一种诗情画意、清新悦目的感觉，也将全诗内容与题目"村居"呼应了起来。

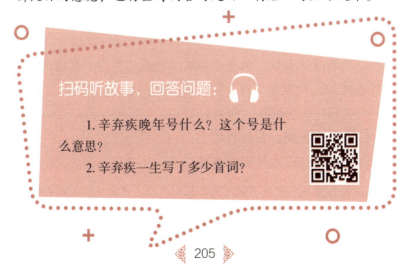

扫码听故事，回答问题：🎧

　　1.辛弃疾晚年号什么？这个号是什么意思？

　　2.辛弃疾一生写了多少首词？

卜算子①·咏梅

毛泽东

风雨送春归②，飞雪迎春到。

已是悬崖百丈冰，犹③有花枝俏。

俏④也不争春，只把春来报。

待到山花烂漫⑤时，她在丛中笑。

注释

①卜算子：词牌名。

②风雨送春归：出自辛弃疾《摸鱼儿》，"更能消，几番风雨，匆匆春又归去"。

③犹：还，依然，仍然。

④俏：俊俏，美好的样子。

⑤烂漫：颜色鲜明而美丽。

 诗词讲解

风雨把冬天送走了，漫天飞雪又把春天迎来。正是悬崖结下百丈冰柱的时节，但仍然有花枝俏丽竞放。

它俏丽但不掠春光之美，报告春天的消息。等到满山遍野开满鲜花之时，梅花却在花丛中欢笑。

诗人简介

毛泽东（1893—1976），字润之，笔名子任，湖南湘潭山冲（今属韶山市）人。

毛泽东同志是伟大的诗人，也是马克思主义者，是伟大的无产阶级革命家、战略家、理论家，马克思主义中国化的伟大开拓者，近代以来中国伟大的爱国者和民族英雄，党的第一代中央领导集体的核心，领导中国人民彻底改变自己命运和国家面貌的一代伟人。毛泽东被视为现代世界历史中最重要的人物之一，《时代》周刊也将他评为二十世纪最具影响力的一百人之一。

毛泽东的诗词题材广泛，内涵深邃，文情并茂，气势磅礴，在国内外有深远的影响。

 诗词赏析

毛泽东的这首词是陆游的《卜算子·咏梅》的同题词，反其意而作。这首词写梅花的美丽、积极、坚贞，不是愁而是笑，梅花不再孤傲而是具有新时代革命者的操守与傲骨。

这首词塑造了梅花俏丽而坚韧不拔的形象，鼓励人们要有威武不屈的精神和革命到底的乐观主义精神。上阕主要写梅花

以学生喜欢的方式学古诗

傲寒开放的美好身姿,描绘梅花的美丽、积极与坚贞;下阕主要写梅花的精神风貌,表现了梅花坚强不屈、不畏寒冷、对春天充满信心和谦虚的风格。

上阕起始二句叙季节的变换,既平直自然,又蕴含哲理。第一句才说"春归",第二句就说"春到"。春归是梅花在风雨中所送,春到是梅花在飞雪中所迎。很显然,这里的"迎春""送春"者,不是"风雨""飞雪",而是梅花。在风雨中送走春天时,梅花虽已凋谢,在飞雪中迎来春天时,梅花却正吐艳。这两句对仗工整,运用拟人手法,生动地表现了中国共产党及其领导下的中国人民坚强不屈的品质、坚韧不拔的意志和大无畏的战斗精神。"已是悬崖百丈冰,犹有花枝俏"承"飞雪"写出,极力渲染梅花开放时的冰雪环境,这是一种衬托的手法,在"百丈冰"的时节梅花开放是十分难能可贵的。这样一来,"犹有花枝俏"一句就格外醒目。梅花不仅在如此严寒的环境中开放了,而且开得特别俏丽。作者以冰雪衬托风骨铮铮的梅花,以梅花象征中国共产党人。作者笔下的梅花形象是全新的,这不仅是作者眼中梅花的形象,也是作者自己以及中国共产党人的形象。

下阕首句承"俏"字写出。俏丽的梅花开放于寒冬之时,它是春天的信使,预报春天就要到来,当春天真正到来时它已经凋零了。这就是梅花乐于奉献的性格,所以作者说梅花是"俏也不争春,只把春来报"。"俏"字浓缩了千种生机、万般气,是这首词的词眼,是新时代梅花精神风貌的外在显现。"俏"字也是上下阕之间过渡的桥梁,使整首词的境界浑然天成。"待到山花烂漫时,她在丛中笑"两句,描写春天降临、繁花似锦的时候,梅花那种舒心高兴的样子,写出了梅花不仅有俏丽的身姿,而且有崇高的精神境界。"笑"字写出了新时代梅花谦逊脱俗的品质、豁达大度的精神风采，极大地升华了词的艺术境界。新时代的梅花形象象征了共产党人斗争在前，享受在后的崇高美德和无私奉献的伟大精神。

《卜算子·咏梅》是毛泽东诗词中比、兴手法用得最好的一首。作者将梅花的自然美与人的德善美有机地融为一体，达到了"天人合一"的最高境界。词中象征、拟人、衬托、比喻、夸张、对仗、顶真等多种修辞手法的巧妙运用，表现出了梅花勇于迎接挑战的个性和谦逊无私的高风亮节，较完美地实现了作者托物言志的目的。

扫码听故事，回答问题：

1.诗中写出了花不仅有俏丽的身姿，而且有崇高的精神境界的是哪一句？

2.作者以冰雪衬托风骨铮铮的梅花，梅花象征的是谁？

江畔①独步②寻花

[唐]杜甫

黄师塔③前江水东，

春光懒困倚微风。

桃花一簇④开无主⑤，

可爱深红爱浅红？

注释 🖋

①江畔：指成都锦江之滨。

②独步：独自散步。

③塔：墓地。

④一簇：一丛。

⑤无主：没有主人。

 诗词讲解 ●

　　黄师塔前，一江碧波缓缓东流。春光融融，使人浑身疏懒困乏，在这和煦的微风中静静地休憩。眼前那一簇娇艳的桃花在春风里绽放着笑颜，它并不属于谁，人人都可以驻足观赏。流连其间，细细品味，究竟是那深红色的可爱呢，还是那浅红色的可爱？

 诗词赏析 ●

　　"安史之乱"结束后，杜甫回到成都，过上了安定的生活。春暖花开的时节，他独自沿着江畔散步，眼前是无边的美景，心中自是欣慰与喜悦，情难自禁，于是挥笔写下《江畔独步寻花七绝句》。

　　组诗前四首分别以恼花、怕春、报春、怜花为主题，而后三首杜甫笔锋一转，独步寻花、赏花，尽显春光旖旎。本诗是其中第五首。诗人杜甫在诗题中就直接提及，这是一次随性的野外踏春，即景、即兴，唯春趣而已。

　　在这首诗中，仅有"花"作为景物登场，但是无言胜有言，杜甫依旧在诗中蕴藏了春的妩媚。首先，诗人为我们勾勒出一幅美妙的风景画：高耸的黄师塔巍然屹立着；流动的江水从塔前东流而去，构成了有纵有横的几何图。塔是静止的，江是流动的。画面有动有静，给人以壮美的感受。

然而诗人毕竟在寻春，风和日丽，春光怡人，不觉困倦，且倚微风，以寄雅怀。杜甫一路走来，兴许是上了年纪，立于清江与茂林之间，不免感到有些乏累。然而这春光之下的杜甫寓情于景，将自己的懒困赋予这无边的春色。"春光懒困"，本无形迹，更无从感知，但诗人一句"懒困"，摄取了春光的情态。诗人所思所感，即景所思所感，"懒困"用法巧妙之余显得后半句"倚微风"水到渠成。你看那驻足的诗人微眯双眼，竟是在倚靠着这无形无迹的微风休憩！正是"春光懒困倚微风"这精妙的神来之笔，使上句"黄师塔前江水东"所描述的环境荡漾起无限的春意生机。诗人以一"倚"字，就将自己与大好春光融合为一，达到寓情于景、以景寄情的完美境界。

后两句着力写桃花。诗人江畔"寻花"终于见花。"桃花一簇"，桃花既非单树，也不成林，独那一簇开得热烈。他用了"开无主"三个字来形容这些花开得自由自在，充满生命力的状态。"开无主"，桃花不在园内，不在院内，是任人尽情观赏的野生无主之花，适时而开，自由生长。杜甫远望那簇桃花，灿若云霞，上前细赏，见花色或深或浅，色调各殊，不禁为之心醉意迷，目不暇接，连自己也不知道更爱的是深红之花还是浅红之朵。于是杜甫不禁以这样一句问句作结，"可爱深红爱浅红？"用了两个"爱"字表达他对这些花的喜爱之情，使全诗摇曳生姿、余音不尽。

在诗人笔下，桃花一簇，深浅不一，然主人已逝，唯有寂窦相随耳。若诗人不寻花至此，又有何人赏识它？"可爱深红爱浅红？"句，用了两个"爱"字、两个"红"字，表现了诗人对花之美的欣悦，表达出诗人爱花、赏花时的喜悦之情。

扫码听故事，回答问题：

1. 杜甫的爷爷是谁？

2. 杜甫的诗能当药治病，你知道这个说法来源于哪个故事吗？

蜂

[唐] 罗　隐

不 论 平 地 与 山 尖①，

无 限 风 光②尽 被 占③。

采④得 百 花 成 蜜 后，

为 谁 辛 苦 为 谁 甜？

注释

①山尖：山峰。

②无限风光：极其美好的风景。

③占：占有，占据。

④采：采取，这里指采取花蜜。

诗词讲解 •

　　无论是在平地还是在山峰，极其美好的风景都被蜜蜂占有。蜜蜂啊，你采尽百花酿成了花蜜，到底为谁付出辛苦，又想让谁品尝香甜？

 诗人简介 •

　　罗隐（833—910），唐文学家。字昭谏，杭州新城（今浙江富阳西南）人。

　　罗隐著有《谗书》《甲乙集》《两同书》等作品，思想属于道家思想，他的书力图提炼出一套供天下人使用的"太平匡济术"，是乱世中黄老思想复兴发展的产物。

 诗词赏析 •

　　小蜜蜂为酿造蜂蜜而辛苦劳作，贡献很多，享受却极少。诗人罗隐着眼于这一点，写出这样一则"动物故事"，这种题材令人耳目一新。

　　诗的前两句"不论平地与山尖，无限风光尽被占"描绘了蜜蜂的生存状态，无论是在平原还是在山峰，广阔的领地给了它们相当大的施展本领的空间。凡是鲜花盛开的地方，到处可以见到蜜蜂忙碌采蜜的身影，前两句盛赞蜜蜂尽占美好的春光，表现了诗人对蜜蜂的羡慕与赞美之情。"不论""无限"，蜜蜂在辛勤劳动中"占尽风光"，诗人简单写来看似平平无奇，简单直白，几乎是欣赏、夸赞的口吻，实则是匠心独运，先扬后抑，为下文的议论做出了铺垫。

后两句笔锋急转直下，诗人采用疑问的语气发出"采得百花成蜜后，为谁辛苦为谁甜？"的叹息。辛辛苦苦的劳作终于有了可喜的成果，这般辛劳到底是为了谁呢？诗人言下之意非常明显，蜜蜂把辛苦留给自己，甜蜜赠予他人，其实采花酿蜜是蜜蜂的本能，它们根本不会意识到这有什么不公平。诗人用蜜蜂的特点来歌颂默默无闻、不计得失的劳动者，对不劳而获的剥削者予以无情的嘲讽。

这首诗采用夹叙夹议的手法，语言平淡清雅，意义深远。

扫码听故事，回答问题：

1. "十上不第"说的是罗隐的什么事？
2. 谁说小蜜蜂有勤劳、坚韧的伟大精神，有什么具体的证据吗？

独坐敬亭山①

[唐]李 白

众 鸟 高 飞 尽②，

孤 云③ 独 去 闲④。

相 看 两 不 厌⑤，

只 有 敬 亭 山 。

注释

①敬亭山：在今安徽宣城市北。

②尽：没有了。

③孤云：陶渊明《咏贫士诗》中有"孤云独无依"的句子。

④独去闲：独去，独自去。闲，形容云彩飘来飘去、悠闲自在的样子。

⑤两不厌：指对诗人和敬亭山而言。厌，满足。

📖 **诗词讲解** •

　　山中的鸟全都飞走了，天空中的最后一片白云也悠然飘走了，它们都离山而去，只有我自己依然恋恋不舍地看着敬亭山，而那山也恋恋不舍地看着我，看来理解我的只有这敬亭山了。

🎨 **诗词赏析** •

　　这首诗写出了李白独游敬亭山的情致，并深刻折射出诗人旷世的孤独感。

　　诗的前两句"众鸟高飞尽，孤云独去闲"，写天上高飞的雀鸟远去无踪，而那片孤独的白云也悠然飘走。诗人以烘托的手法隐喻自己：即使那些势利的朋友悉数离去，自己还会像那片白云一样，孤独而自在。其中"尽""闲"两字，显示没有了外物的聒噪干扰，天地恢复了宁谧幽静、悠然孤寂的状态，为后面的诗句提供了背景。

其实，山林的鸟是飞不尽的，云也不会飘游到天外。在诗中，众鸟、孤云都离诗人而去，这是诗人情感外射的结果，是诗人有意创造用于表现自己的孤独情感的茫茫空间。这种生动形象的写法，能给读者以联想：李白坐在那里已经有一段时间了，眼看着众鸟和孤云都离开了敬亭山，只有自己依旧坐在那里欣赏着它。诗人勾画出他"独坐"出神的形象，为下联"相看两不厌"做了铺垫。

诗人最后发现，"相看两不厌，只有敬亭山"。"两不厌"的"两"，一是诗人自己，一是敬亭山。诗人与"敬亭山"似是心意相通，视对方为唯一的知己，谁也不厌恶对方，亦不放弃对方。诗人运用借景移情与拟人化的浪漫主义手法，写出山的"有情"，凸显人的"无情"；透露了他对炎凉世态的不以为然，并折射出"天地与我并生，而万物与我为一"道法自然的哲学思想。

扫码听故事，回答问题：

1. 李白一生到过敬亭山几次？
2. 李白现存的诗中，有十二首直接提到一个人，这个人是谁？

芙蓉楼^①送辛渐^②

[唐] 王昌龄

寒雨^③连江夜入吴^④，

平明^⑤送客^⑥楚山^⑦孤。

洛阳亲友如相问，

一片冰心^⑧在玉壶。

注释

①芙蓉楼：故址在今江苏镇江北，下临长江。

②辛渐：诗人的一位朋友。

③寒雨：秋冬时节的冷雨。

④吴：镇江在古代属于吴地。

⑤平明：天刚亮。

⑥客：指作者的好友辛渐。

⑦楚山：泛指长江中下游北岸的山。长江中下游北岸在古代属于楚地范围。

⑧冰心：像冰一样晶莹、纯洁的心。

 诗词讲解

　　迷蒙的烟雨笼罩着吴地江天，织成了一张无边无际的愁网，清晨送走你后，连朦胧的远山也显得孤单！到了洛阳，如果洛阳亲友问起我来，就请你转告他们，我的心依然像玉壶里的冰那样晶莹纯洁！

 诗词赏析

　　送别时，有人悲伤，有人劝慰他人，有人恋恋不舍，有人豪情万丈，王昌龄却与众不同。

　　这是一个下着雨的晚上，老朋友要走了，一个"孤"字，写出了王昌龄此刻内心的孤独、失落。他给远方的亲人捎口信，不说自己很平安，而是说自己的心像玉壶中的冰那样晶莹纯洁。"一片冰心在玉壶"，这明明是在表白自己受到的不公正待遇！

遇到不公，诗人不发牢骚、不逃避，而是借机为自己解释，果然获得了大家的同情和理解，看来王昌龄真的是一个情商很高的人。

"寒雨连江夜入吴"，这里王昌龄并不实写自己感知到秋雨来临的细节，以大片淡墨染出满纸烟雨，用浩大的气魄烘托了"平明送客楚山孤"的开阔意境。"连"字和"入"字写出雨势的平稳连绵，江雨悄然而来的动静能为诗人分明地感知，则诗人因离情萦怀而一夜未眠的情景也自可想见。清晨，天色已明，辛渐即将登舟北归。诗人遥望江北的远山，想到友人不久便将隐没在楚山之外，孤寂之感油然而生。

一个"孤"字如同感情的引线，自然而然地牵出了后两句临别叮咛之辞："洛阳亲友如相问，一片冰心在玉壶。"诗人从洁净无瑕的玉壶中捧出一颗晶亮纯洁的冰心以告慰友人，这就比任何言辞都更能表达他对洛阳亲友的深情。

即景生情，情蕴景中。这首诗中那苍茫的江雨和孤峙的楚山，不仅烘托出诗人送别时的孤寂之情，更展现了诗人开阔的胸怀和坚毅的性格，浑然天成，不着痕迹。

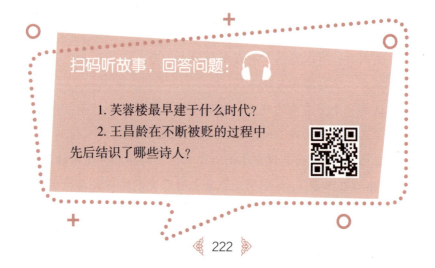

扫码听故事，回答问题：

1. 芙蓉楼最早建于什么时代？
2. 王昌龄在不断被贬的过程中先后结识了哪些诗人？

塞下曲①

[唐] 卢^{lú} 纶^{lún}

月黑②雁飞高，

单^{chán}于③夜遁^{dùn}④逃。

欲将⑤轻骑⑥逐⑦，

大雪满⑧弓刀。

注释

①塞下曲：古时边塞的一种军歌。

②月黑：没有月光。

③单于：匈奴的首领。这里泛指侵扰唐朝的游牧民族首领。

④遁：逃走。

⑤将：率领。

⑥骑：骑兵。

⑦逐：追赶。

⑧满：沾满。

诗词讲解 ••••••••••••••••••

　　乌云遮月的漆黑之夜，天边大雁突然受惊鸣飞，原来是单于的军队想要趁着夜色悄悄潜逃。将军正想要带领轻骑兵一路追赶，这时大雪纷纷扬扬落下，落满了身上的弓刀。

 诗人简介 ••••••••••••••••••

　　卢纶（约742—约799），唐诗人，大历十才子之一。字允言，河中蒲（今山西永济西南）人。

　　卢纶一生多次参加进士考试，但都没有考中。直到大历六年（771），卢纶经当时的宰相元载举荐，做了阌乡尉；后来又由宰相王缙推荐成为集贤学士、秘书省校书郎，还升为监察御史。他曾经到地方担任过陕州户曹、河南密县的县令。之后元载、王缙获罪，卢纶受到牵连。唐德宗朝，他又起复做了昭应县令，出任河中元帅浑瑊府判官，官至检校户部郎中，后不久去世。卢纶著有《卢户部诗集》。

 诗词赏析 ••••••••••••••••••

　　这是一首描写守关将士夜追逃敌的诗，是卢纶《塞下曲》组诗中的第三首。

　　诗的前两句交代了事情发生的时间及背景，"月黑雁飞高，单于夜遁逃"。无月，所以天黑；雁飞高，所以寂静。这样的景，并非诗人眼中之景，而是诗人意中之景。雪夜月黑，本不是雁活动的时刻，而宿雁惊飞，表明敌人正在行动。首句寥寥五字，既交代了时间，又烘托了战斗前的紧张气氛，直接逼出下句"单于夜遁逃"来。我们读诗至此，顿觉一股豪迈之情扑面而来。敌人夜间行动，并非率兵来袭，而是借夜色的掩护仓皇遁逃，由此也可见唐朝军队的英勇威武。诗并没有描写白天的战斗场面，而是直接写在月黑雁高飞的夜里，敌酋遁去，我军纵兵追擒，这是自然的发展。

敌人逃走了，接下来该怎么办呢？"欲将轻骑逐"，追兵将发而未发。将军不用大军而仅派"轻骑"，绝不仅仅因为快捷，同时显示出一种高度的自信，仿佛敌人已是瓮中之鳖，只须少量"轻骑"追剿，便可马到成功。当勇士们列队准备出发时，天降大雪，勇士站立不过片刻，大雪竟落满弓刀。"大雪满弓刀"一句，将全诗意境推向高潮。在茫茫的夜色中，在洁白的雪地上，一支轻骑兵正在集结，雪花顷刻便落满了他们全身，遮掩了他们武器的寒光。他们就像一支支即将离弦的箭，虽然尚未出发，却早就满怀着必胜的信心。

全诗只有二十个字，却包含了大量的信息，激发了读者无穷的想象。作者并没有直接描写战斗的场面，但通过读诗，我们完全可以通过领悟诗意和想象，描绘出金戈铁马的战争场面。

扫码听故事，回答问题：

1.《塞下曲》组诗共有几首？
2.卢纶一生被任命的最高的官职是什么？

墨 梅①

[元]王 冕

我 家②洗 砚 池③头 树，

朵 朵 花 开 淡 墨④痕 。

不 要 人 夸 好 颜 色 ，

只 留 清 气 满 乾 坤⑤。

注释

①墨梅：用墨笔勾勒出来的梅花。

②我家：因王羲之与王冕同姓，所以王冕便认为王姓自是一家。

③洗砚池：传说会稽（今浙江绍兴）蕺山下有晋代大书法家王羲之的洗砚池。由于经常洗笔砚，池塘的水都被染黑了。

④淡墨：水墨画中将墨色分为四种，清墨、淡墨、浓墨、焦墨。这里是说那朵朵盛开的梅花，是用淡淡的墨迹点画的。

⑤满乾坤：弥漫在天地间。满，弥漫。乾坤，天地间。

诗词讲解

我家洗砚池边有一棵梅树，朵朵开放的梅花像是用淡淡的墨汁点染而成。不需要别人夸它的外形多么好看，只需要梅花的清香之气弥漫在天地之间。

诗人简介

王冕（1287—1359），元画家、诗人。字元章，号煮石山农，亦号食中翁、梅花屋主等，诸暨（今浙江）人，他出身贫寒，幼年替人放牛，靠自学成才。

王冕性格孤傲，鄙视权贵，诗作多是同情人民苦难、谴责豪门权贵、轻视功名利禄、描写田园隐逸生活之作，有《竹斋集》三卷，续集两卷。王冕一生爱好梅花，种梅、咏梅，又工画梅，所画梅花花密枝繁，生意盎然，劲健有力，对后世影响较大。他的存世画迹有《南枝春早》《墨梅》等。他能治印，创用花乳石刻印章，篆法绝妙。《明史》中有王冕传记。

诗词赏析

这是画家王冕一首题咏自己所画梅花图的题画诗，它借物

以学生喜欢的方式学古诗

227

喻人，托物言志，将诗画融为一体，诗情画意融合无间，意蕴深邃，耐人寻思。诗的前两句描绘墨梅的形象，后两句写墨梅的志愿。

开头两句"我家洗砚池头树，朵朵花开淡墨痕"直接描写墨梅。画中小池边的梅树，花朵盛开，朵朵梅花都是用淡淡的墨水点染而成的。"洗砚池"，化用王羲之"临池学书，池水尽黑"的典故。

第三、第四两句盛赞墨梅的高风亮节。它由淡墨画成，虽然外表并不娇艳，但具有神清骨秀、高洁端庄、幽独超逸的内在气质；它不想用鲜艳的色彩去吸引人、讨好人、求得人们的夸奖，只愿散发一股清香，让清气留在天地之间。这两句正是诗人的自我写照，表现了诗人鄙薄流俗、独善其身、不求功勋的品格。

其他诗人多在赞梅花"香气"，而王冕独写梅花"清气"，我们能够从中感受到王冕对梅花的独特体悟，感受到梅花的清气是平淡纯洁、淡泊名利、品德高尚、清正廉洁……诗人赞美墨梅不求人夸、只愿给人间留下清香的美德，实际上是借梅自喻，表达自己对人生的态度以及不向世俗献媚的高尚情操。

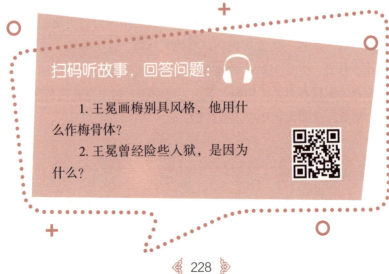

扫码听故事，回答问题：

1. 王冕画梅别具风格，他用什么作梅骨体？

2. 王冕曾经险些入狱，是因为什么？

五年级·上

蝉

[唐] 虞世南

垂緌^①饮清露^②，

流响^③出疏^④桐。

居高声自远，

非是藉^⑤秋风。

注释

①垂緌（ruí）：古人结在颔下的帽缨下垂的部分。蝉的头部伸出的触须，形状与其有些相似。

②清露：纯净的露水。古人以为蝉是喝露水生活的。

③流响：指连续不断的蝉鸣声。

④疏：开阔，稀疏。

⑤藉：凭借。

诗词讲解 ● ● ● ● ● ● ● ● ● ● ● ● ● ● ● ● ● ● ●

　　蝉儿垂下像帽带一样的触角，吮吸着清澈甘甜的露水，蝉鸣声从稀疏的梧桐树枝间传出，清脆响亮，连绵不绝。蝉声传得远正是因为它在高处，而不是凭借秋风的力量。

 诗人简介 ● ● ● ● ● ● ● ● ● ● ● ● ● ● ● ● ● ●

　　虞世南（558—638），唐初书法家、文学家。字伯施，越州余姚（今浙江慈溪）人。他的书法刚柔并济，笔力遒劲，与欧阳询、褚遂良、薛稷并称"初唐四大家"。他是凌烟阁二十四功臣之一，为唐太宗的登基立下过汗马功劳，还是太宗的"十八学士"之一。唐太宗称他的德行、忠直、博学、文词、书翰为五绝。他所编的《北堂书钞》被誉为唐代四大类书之一，是中国现存最早的类书之一。他原有诗文集三十卷，但已散佚不全。民国张寿镛辑成《虞秘监集》四卷，收入《四明丛书》。

　　虞世南的诗歌代表作有《出塞》《结客少年场行》《怨歌行》《赋得临池竹应制》《蝉》《奉和咏风应魏王教》等。

 诗词赏析 ●

　　这是一首描写蝉的咏物诗，表面看是咏蝉，其实是以蝉喻君子，表明自己的品性、人格和追求。这首诗托物言志，格调高雅，颇为后世所称道。

　　首句"垂緌饮清露"表面是写蝉的外形与食性，实际上处处含着比兴象征。"垂緌"的形状像官员的帽带，暗示诗人的"显官"身份，凸显诗人身居高位。接下来的"清露"二字暗示蝉的洁身自好，不与污浊为伍，同时暗示了诗人高洁的品格。

第二句"流响出疏桐"中"流响出"描写了蝉鸣的响度与力度。这一句虽然只写了声音，但诗人仿佛将我们带入了山林中，蝉在枝头傲然高歌的样子跃然纸上。

第三、第四句"居高声自远，非是藉秋风"，是全诗的点睛之笔，是在上两句的基础上引发的议论。蝉的声音之所以能传得很远，人们往往认为是因为借助秋风，诗人却强调是因为自身栖居高处。

诗人采用托物言志的手法，通过描写蝉的形象来抒发自己想要保持高尚的品格，即使不借助外在的权势地位，也能声名远扬的志向。可以说，这一比兴十分巧妙，充分体现了作者对高尚品格的赞美和追求。

扫码听故事，回答问题：

1.唐代文坛"咏蝉"诗的三绝包含哪三位诗人？

2.唐太宗称虞世南有"五绝"，这"五绝"分别是什么？

乞巧①

[唐] 林 杰

七夕今宵看碧霄②,

牵牛织女渡河桥。

家家乞巧望秋月,

穿尽红丝几万条③。

注释

①乞巧:古代节日,在农历七月初七,又名七夕。相传这一天牛郎织女相会,旧时妇女们穿针向织女学巧,谓"乞巧"。

②碧霄:指浩瀚无际的青天。

③几万条:比喻很多。

以学生喜欢的方式学古诗

 **诗词讲解**

　　七夕佳节，人们纷纷抬头仰望浩瀚天空，就好像能看见牛郎织女渡过银河在鹊桥上相会。家家户户的妇女都在一边观赏秋月，一边穿针乞巧，穿过的红线都有几万条了。

诗人简介

　　林杰（831—847），唐诗人。字智周，福建（今浙江福建）人。从小聪慧过人，六岁就能写诗，下笔即成文章，在书法棋艺方面也很厉害。去世的时候很年轻，年仅十六岁，他写的诗有两首记录在《全唐诗》中，其中《乞巧》是林杰描写民间七夕乞巧盛况的名诗。

 诗词赏析

　　《乞巧》是一首描写古时民间乞巧盛况的诗。

　　前两句"七夕今宵看碧霄，牵牛织女渡河桥"，描写了牛郎织女相会的故事以及人们的过节传统，渲染了节日的气氛，表现主人公怀思的情绪。开头两句叙述的就是牛郎织女的民间故事，又到了一年一度的七夕节，家家户户的人们纷纷情不自禁地抬头仰望浩瀚的天空，期盼着见到牛郎织女相会的画面。

　　后两句"家家乞巧望秋月，穿尽红丝几万条"，言简意赅地描述了乞巧节女孩们的活动。诗人在诗中并没有具体写出各种不同的心愿，而是留下了想象的空间，更加体现了人们过节

235

时的喜悦之情，同时将乞巧的事交代得一清二楚，简明扼要，形象生动。

全诗情调感伤，奇思妙想，含义丰富，抒发诗人的伤感之情，同时表达了诗人对美好传说的喜爱向往，也体现了古代劳动人民对真善美的追求，体现了古代节日的热闹氛围。

扫码听故事，回答问题：

1.《乞巧》是林杰几岁写的诗？

2."七夕相会"的民间故事说的是谁和谁的故事？

示 儿①

[宋]陆 游

死去元②知万事空，

但悲不见九州③同④。

王师⑤北定⑥中原日，

家祭⑦无忘告乃翁⑧。

注释

①示儿：给儿子看。这首诗是陆游临终前写给儿子的。

②元：同"原"，本来。

③九州：古代中国曾分为九个州，这里代指全国。

④同：统一。

⑤王师：指南宋朝廷的军队。

⑥北定：将北方平定。

⑦家祭：祭祀家中先人。

⑧乃翁：你们的父亲，指陆游自己。

诗词讲解

　　我原本就知道，当我死去之后，人间的一切就都和我无关，什么都没有了；唯一使我痛心和悲哀的是，没能见到祖国的统一。当大宋军队收复中原失地的那一天到来时，你们举行家祭，千万别忘记把这好消息告诉你们的父亲！

诗人简介

　　陆游（1125—1210），南宋文学家、史学家、爱国诗人。字务观，号放翁，越州山阴（今浙江绍兴）人。

　　陆游从小受到父亲的强烈爱国思想熏陶，很早就养成了忧国忧民、渴望国家统一的情怀。他是一名杰出的诗人，一生创作诗歌九千多首。他的诗歌始终在表达着自己炽烈的爱国热情。陆游与尤袤、杨万里、范成大并称"南宋四大家"，有《剑南诗稿》《南唐书》《渭南文集》。

 **诗词赏析**

《示儿》是陆游所写的一首爱国诗，题目是"示儿"，相当于遗嘱。在短短的篇幅中，诗人殷切地嘱咐着儿子，无比光明磊落，激动人心，浓浓的爱国之情跃然纸上。

诗的前两句"死去元知万事空，但悲不见九州同"，表明了诗人的悲痛。宋朝当权者昏庸无能，金兵入侵，宋军节节败退，诗人一心想要杀敌报国，却遭人排挤。这一句中的"悲"字是句眼，诗人临终前悲伤的不是个人生死，而是没有看见祖国的统一。他表明自己心有不甘，因为"不见九州同"。"悲"字深刻反映了诗人内心的悲哀、遗憾之情。

后两句"王师北定中原日，家祭无忘告乃翁"，表达了诗人的爱国之情。诗人明知"死后万事空"，却仍然怀有收复失地的信念。诗人坚信总有一天宋朝的军队能平定中原，光复失地。

这首诗用笔曲折，情真意切地表达了诗人临终时复杂的思想情绪和他忧国忧民的爱国情怀，既有对抗金大业未就的无穷遗恨，也有对神圣事业必成的坚定信念。全诗有悲的成分，但基调是激昂的。诗的语言浑然天成，没有丝毫雕琢，全是真情的自然流露，但比着意雕琢的诗更美、更感人。

扫码听故事，回答问题：

1. 陆游一生的信念是什么？
2. 陆游的名字的由来是什么？

题临安①邸②

[宋]林升

山外青山楼外楼，

西湖③歌舞几时休④？

暖风熏⑤得游人醉，

直⑥把杭州作汴州⑦。

注释

①临安：在今浙江杭州，曾为南宋都城。

②邸：旅店。

③西湖：杭州的著名风景区。

④几时休：什么时候停休。

⑤熏：吹。

⑥直：简直。

⑦汴州：在今河南开封，曾为北宋都城。

诗词讲解

　　远处青山叠翠，近处楼台重重，西湖游船上的歌舞何时才能停休？温暖馥郁的香风把人吹得醉醺醺的，简直是把杭州当作了昔日的汴州。

诗人简介

　　林升（生卒年不详），南宋诗人。字云友，又字梦屏，号平山居士，关于他的资料真是少之又少，他存于世上的诗作不多，一首名为《题临安邸》，另一首名为《长相思》。

诗词赏析

　　这是一首写在临安旅店墙壁上的诗，描写了诗人的所见所闻和所感，是一首古代的"墙头诗"，疑原无题，此题为后人所加。

"山外青山楼外楼，西湖歌舞几时休？"诗人抓住了临安城的特征来写，写下了临安连绵起伏的青山，高楼一栋接一栋，表现出一种乐景。诗人触景生情，表达了对统治者苟且偷生、整日陶醉于歌舞、醉生梦死的生活的不满与谴责。

"暖风熏得游人醉，直把杭州作汴州。"诗人进一步抒发了自己的感慨。"暖风"一语双关，既指自然界的春风，又指社会上的淫靡之风。"游人"指那些忘记了国难，苟且偷安，寻欢作乐的南宋统治阶级。

南宋小朝廷并没有吸取北宋亡国的惨痛教训而发愤图强，当政者不思收复中原失地，只求苟且偷安，对外屈膝投降，对内残酷迫害岳飞等爱国人士；政治上腐败无能，达官显贵一味纵情声色，寻欢作乐。这首诗就是针对这种黑暗现实而作的，表达了诗人对达官贵人的讽刺、愤怒，也表达了对国家民族命运的忧虑。他的诗写的是当时一个普遍的社会现象，没有人会对此感到惊讶。他这样一写，读者便觉触目惊心，令人难以为情，所以这首诗是成功的讽刺诗作，一直流传了千年。

扫码听故事，回答问题：

1.《题临安邸》是古代的一首什么诗？
2.岳飞在《满江红》中说"靖康耻，犹未雪"，"靖康耻"指历史上的哪件事？

己亥（hài）杂诗[1]

[清]龚自珍

九州[2]生气[3]恃（shì）[4]风雷，
万马齐喑（yīn）[5]究可哀。
我劝天公重抖擞（sǒu），
不拘一格降人材。

注释

①己亥杂诗：《己亥杂诗》是龚自珍在己亥年（1839）写的一组诗，共三百一十五首。这里选的是其中一首。

②九州：古代中国曾分为九个州，这里代指全国。

③生气：活力，生命力。这里指朝气蓬勃的局面。

④恃：依靠。

⑤万马齐喑：所有的马都沉寂无声。比喻人们沉默不语，不敢发表意见。喑，沉默。

 诗词讲解 ••••••••••••••••••••••••••••••••••

　　神州大地如果要想获得生机，只有依靠风雷激荡般的巨大力量才能成功，然而社会政局毫无生气终究是一种悲哀。我奉劝上天重新振作精神，不要拘泥一定规格去选拔人才以降下更多的人才。

 诗人简介 ••••••••••••••••••••••••••••••••••

　　龚自珍（1792—1841），清末思想家、诗人、文学家。字璱人，号定盦，浙江仁和（今杭州）人。道光年间进士，官至吏部主事。他晚年居住于昆山羽琌山馆，又号羽琌山民。

　　他的诗文主张"更法""改图"，揭露清统治者的腐朽，洋溢着爱国热情，被柳亚子誉为"三百年来第一流"。他著有《定盦文集》，留存文章三百余篇、诗词近八百首，后来被人们编为《龚自珍全集》。他写的诗多是咏怀和讽喻之作，著名诗作《己亥杂诗》组诗共三百一十五首。

 诗词赏析 ••••••••••••••••••••••••••••••••••

　　《己亥杂诗》这首诗中，诗人对缺乏生机的社会感到难过伤心，迫切希望社会变革迅速到来。

"九州生气恃风雷，万马齐喑究可哀"，用比喻的修辞手法，表明只有一场疾风惊雷，才能打破当时死气沉沉的局面。"风雷"比喻革命风暴，"风雷"之前冠以"恃"字，表明挽救危亡，振兴国家，除革命外别无他途，足以见出诗人的敏锐眼光和斗争精神。"万马齐喑"比喻在清政府统治下，人们不敢说话，到处弥漫着沉闷气氛。对"万马齐喑"的局面，用一"哀"字，表明诗人痛惜之情与爱国之心。

"我劝天公重抖擞，不拘一格降人材"两句，运用移花接木的手法，表现了诗人渴望砸烂黑暗统治，迎接一个崭新世界的愿望。"不拘一格"充分表现了诗人开阔的胸怀、远大的目光、具有战略性的设想。

诗人选用"九州""风雷""万马""天公"这样具有壮伟特征的意象，用奇特的想象表现了他强烈的希望。他期待着杰出人才的涌现，期待着改革大势形成新的"风雷"、新的生机，一扫笼罩九州的沉闷和迟滞的局面。这首诗既揭露矛盾、批判现实，又憧憬未来、充满理想，它独辟蹊径，别开生面，呼唤着变革，呼唤着未来，寓意深刻，气势不凡。

扫码听故事，回答问题：

1. 龚自珍是在多少岁、第几次会试中考中的进士？
2. 《己亥杂诗》组诗共有多少首诗？

山居秋暝^①

[唐] 王 维

空山^②新^③雨后，天气晚来秋。

明月松间照，清泉石上流。

竹喧^④归浣女^⑤，莲动下渔舟。

随意春芳^⑥歇^⑦，王孙^⑧自可留。

注释

①暝：日落时分，天色将晚。

②空山：空旷、空寂的山野。

③新：刚刚。

④竹喧：竹林中笑语喧哗。喧，喧哗，这里指竹叶发出沙沙声响。

⑤浣女：洗衣服的姑娘。浣，洗涤衣物。

⑥春芳：春天的花草。

⑦歇：尽，消失。

⑧王孙：原指贵族子弟，此处指诗人自己。

 诗词讲解

　　一场新雨过后，青山翠谷越发显得静幽，夜幕降临，凉风习习，更令人感到秋意浓厚。明亮的月光照着松林，泉水从石上潺潺流过。竹林中传来阵阵欢声笑语，原来是洗衣少女们归来；莲叶浮动，那是顺流而下的渔舟。尽管春天的花草早已消失，我陶醉在这美妙的秋色中，依然向往长留。

 诗词赏析

　　王维的《山居秋暝》是一首山水名篇，诗情画意之中寄托着诗人高洁的情怀和对理想境界的追求。

　　"空山新雨后，天气晚来秋。"山中树木繁茂，掩盖了人们活动的痕迹，山里像没有人一样。"空山"点出此处犹如世外桃源。山雨初霁，万物一新，又是初秋的傍晚，空气之清新、景色之美妙，可以想见。

"明月松间照，清泉石上流。"天色已暗，却有皓月当空；群芳已谢，却有青松如盖。山泉清冽，淙淙流泻于山石之上，有如一匹洁白无瑕的素练，在月光下闪闪发光，多么幽静明净的自然美啊！这两句写景如画，随意挥洒，毫不刻意。

"竹喧归浣女，莲动下渔舟。"这两句写得很巧妙，用笔自然流畅。诗人先写"竹喧""莲动"，因为"浣女"隐在竹林之中，"渔舟"被莲叶遮蔽，起初未见，等听到竹林喧声，看到莲叶披拂，人们才发现浣女、莲舟。这样写更具真情实感，更富有诗意。

诗的中间两联同是写景，而各有侧重。颔联侧重写物，以物芳而明志洁；颈联侧重写人，以人和而望政通。泉水、青松、翠竹、青莲，都是诗人高尚情操的写照。

诗人是那样高洁，他在那"空山"之中又找到了一个称心的世外桃源，所以就情不自禁地说："随意春芳歇，王孙自可留。"

这首诗以自然美来表现诗人的人格美和一种理想中的社会之美。表面看来，这首诗只是用"赋"的方法模山范水，对景物做细致感人的刻画，实际上通篇都是比兴。诗人通过对山水的描绘寄慨言志，全诗含意丰富，耐人寻味。

扫码听故事，回答问题：

1. 被称为"仙都""洞天之冠"和"天下第一福地"的是哪里？

2. 后人评说王维才华横溢，拥有"四绝"，你知道是哪"四绝"吗？

枫桥夜泊①

[唐] 张 继

月 落 乌 啼 霜 满 天，

江 枫 渔 火②对 愁 眠。

姑 苏③城 外 寒 山 寺④，

夜 半 钟 声 到 客 船。

注释

①枫桥：在今江苏苏州。夜泊：夜间把船停靠在岸边。

②渔火：通常解释"渔火"就是渔船上的灯火，也有说法指"渔火"实际上就是一同打鱼的伙伴。

③姑苏：苏州的别称，因城西南有姑苏山而得名。

④寒山寺：枫桥附近的一座寺庙，相传唐代僧人寒山曾住于此。

 诗词讲解

月亮已经落下，乌鸦啼叫着，寒气满天，江边枫树与船上渔火相伴着，却仍然难以抚慰我独自伴着忧愁而眠的心境。姑苏城外那寂寞清静的寒山古寺，半夜里敲响的钟声传到了我乘坐的客船上。

 诗人简介

张继（生卒年不详），唐诗人。字懿孙，襄州（今湖北襄阳）人。据诸家记录，他是天宝十二载（753）的进士。他的诗情绪积极，语言朴实，对后世颇有影响，但可惜流传下来的不到五十首。他最著名的诗是《枫桥夜泊》。

 诗词赏析

《枫桥夜泊》是唐代的诗人张继创作的七言绝句。第一句中的"枫桥"在今日的苏州阊门外，"霜满天"是指空气极冷。"江"指吴淞江（俗称苏州河），第二句中"对愁眠"中的"对"有"伴"的意思，此句把"江枫"和"渔火"两个词拟人化了。第三句中"姑苏"是苏州的别称，"寒山寺"在枫桥附近，因唐代僧人寒山和拾得曾住此而得名。

　　作者创作此诗的时间正是某年秋季的夜晚。有着丝丝旅愁的诗人在秋夜里躺下来想要休息，但是怎么也睡不着。树上鸟儿的啼鸣、灰蒙蒙的光影使诗人无法入眠。尤其深秋夜晚的寒意，使得诗人更加沉浸在思念家乡的忧愁之中。诗人所感觉到的水乡秋夜的清冷氛围与独自旅行的孤独感融为一体。诗的后两句写的是寒山寺的钟声，当诗人翻来覆去无法入眠时，寒山寺的钟声一声声地传来。在如此幽寂的夜晚，传来的钟声给诗人留下了非常深刻的印象。游子面对霜夜、江枫、渔火，内心涌现出了一缕缕轻愁，真不知隐隐的钟声抚慰了多少游子的心。这首诗不愧是将景物与人物的心境融为一体的典范，令人有如身临其境，感慨颇深。

扫码听故事，回答问题：

　　1.传说中的"和合二仙"指的是谁？
　　2.每年的除夕夜，寒山寺的钟要敲响多少下？

长相思①

[清] 纳兰性德

山一程，水一程，

身向榆关②那畔③行，夜深千帐灯。

风一更④，雪一更，

聒⑤碎乡心梦不成，故园无此声。

注释

①长相思：词牌名。

②榆关：山海关。

③那畔：那边，这里指关外。

④更：旧时一夜分五更，每更大约两小时。风一更、雪一更，即整夜风雪交加。

⑤聒：声音嘈杂，这里指风雪声。

 诗词讲解

　　将士们翻山越岭，登舟涉水，马不停蹄地向着山海关进发。夜晚，数以千计的营帐中点起灯火，十分壮观。营帐外面正刮着风、下着雪，风雪之声惊醒了睡梦中的将士们，勾起了他们对故乡的思念，故乡是没有这样连绵不绝的风雪聒噪声的。

 诗人简介

　　纳兰性德（1655—1685），清词人。叶赫那拉氏，原名成德，字容若，号楞伽山人，满洲正黄旗人。

　　纳兰性德非常淡泊名利，最擅长写词。他的词以"真"取胜：写情真挚浓烈，写景逼真传神。其著有《通志堂集》《侧帽集》《饮水词》等。

诗词赏析 ••••••••••••••••••••••••••••••••••••

　　这首词上阕写面、写外，突出军队的壮观；下阕写点、写内，曲描心情。整首词抒写了词人羁旅关外、思念故乡的情怀，柔婉缠绵中却见慷慨沉雄。整首词无一句写思乡，却句句渗透着对家乡的思念。

　　"山一程，水一程"，写出远赴关外的艰难曲折、路途遥远而又漫长。词人翻山越岭，登舟涉水，一程又一程，越走离家乡就越远。这两句运用反复的修辞手法，将"一程"二字反复使用，突出了路途的漫长。"身向榆关那畔行"，指出了行程的方向。词人在这里强调的是"身"向榆关，那也就暗示出"心"向京师，它让我们联想到词人留恋家乡、频频回首遥望、步履蹒跚的场景。"那畔"一词含着一种疏远的感情色彩，表现了词人这次奉命随行去"榆关"是无可奈何的。

　　"夜深千帐灯"一句，写的是夜晚将士们宿营于旷野的情景：深青的天幕下，漆黑的旷野上，一座座营房灯火通明，映照着无眠的人。"千帐灯"是虚写，写康熙帝这次出巡随从众多。为什么夜深了，仍然营火闪烁呢？这就为下阕的"乡心"做了铺垫。"夜深千帐灯"既是上阕感情酝酿的高潮，也是上、下阕之间的自然转换，起到承前启后的作用。

　　词的下阕侧重写游子思乡之苦，交代了深夜无眠的原因。词人先写景，"风一更，雪一更"，突出塞外风狂雪骤的恶劣天气，使得旅程中的人们乡思更为强烈。"聒碎乡心梦不成"呼应上阕的"夜深千帐灯"，也直接回答了深夜不眠的原因。"故园无此声"，交代了"梦不成"的原因：故乡是没有这样连绵不绝的风雪聒噪声的，大家当然可以酣然入梦；而这边塞苦寒之地，怎能比得上钟灵毓秀的京都？何况又是暴风雪如此肆虐的露营之夜，加之乡心的重重包裹，将士们就更难入梦了。结尾这一句直截了当地表达了出征战场的人对故乡的深深眷恋之情。

扫码听故事，回答问题：

1. 这首词中的"故园"指的是哪里？
2. 当你在外思念家乡时，可以用哪一句诗来表达心情呢？

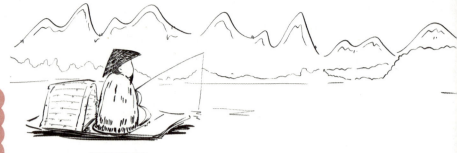

渔歌子

[唐] 张志和

西塞山^①前白鹭^②飞，

桃花流水^③鳜鱼^④肥。

青箬笠^⑤，绿蓑衣^⑥，

斜风细雨不须^⑦归。

注释

①西塞山：在今浙江湖州。

②白鹭：一种白色的水鸟。

③桃花流水：桃花盛开的季节正是春水盛涨的时候，俗称桃花汛或桃花水。

④鳜鱼：淡水鱼，江南又称桂鱼，肉质鲜美。

⑤箬笠：竹叶或竹篾做的斗笠。

⑥蓑衣：用草或棕编制的雨衣。

⑦不须：不一定要。

 诗词讲解

西塞山前，白鹭在自由地飞翔，江岸上桃花盛开，春水也渐渐涨起来了，水中鳜鱼正是肥美之时。一位渔翁头戴青色斗笠，身披绿色蓑衣，冒着斜风细雨，悠然自得地垂钓，连下了雨都不回家。

 诗人简介

张志和（732—774），唐诗人。字子同，初名龟龄，自号"烟波钓徒"，又号"玄真子"，婺州金华（今浙江）人，唐代著名道士、词人和诗人。

张志和十六岁参加科举，以明经擢第，任左金吾卫录事参军，唐肃宗为其赐名为"志和"，后因事获罪贬南浦尉，不久赦还，自此看破红尘，浪迹江湖，隐居祁门赤山镇。他的著作有《玄真子》十二卷三万字，《大易》十五卷，有《渔夫词》五首、诗七首传世。

诗词赏析 •

在这首词中，诗人描写了江南水乡春汛时期渔翁捕鱼的情景。其中既有美丽鲜明的山水风光，又有渔翁雨中悠然垂钓的形象，简直就是一幅大写意的山水画。

第一句"西塞山前白鹭飞"，"西塞山前"点明地点，用自由自在地飞翔的白鹭，衬托渔翁的悠闲自得。第二句"桃花流水鳜鱼肥"意思是说：桃花盛开的时候，江水猛涨，这个时候鳜鱼长得正肥。这里桃红与水绿相互映衬，描绘了暮春西塞山前的湖光山色，点出了渔翁的生活环境。第三、第四句"青箬笠，绿蓑衣，斜风细雨不须归"，描写了渔翁捕鱼时悠闲的姿态。渔翁戴着青箬笠，穿着绿蓑衣，在微风细雨中捕鱼而不归家。全诗色彩明丽，语调活泼，生动地表现了渔翁悠闲自在的生活。

扫码听故事，回答问题：

1. 这首诗中的"不须归"除了指不回家外，还指什么？

2. 当你来到西塞山看到美景时，你会吟诵哪一句诗呢？

观书有感（其一）

[宋]朱 熹

半亩方塘一鉴^①开，

天光云影共徘徊^②。

问渠^③那得^④清如许^⑤？

为^⑥有源头活水来。

注释

①鉴：一说为古代用来盛水或冰的青铜大盆，也有学者认为指像鉴（镜子）。

②徘徊：来回移动。

③渠：它，第三人称代词，这里指方塘之水。

④那得：怎么会。

⑤清如许：这样清澈。

⑥为：因为。

诗词讲解

半亩大的方形池塘就像一面镜子一样，非常清澈明净，天的光和云的影子映在水面上来回移动。池塘里的水为什么这样清澈呢？原来是因为有永不枯竭的源头源源不断地为它输送活水。

诗人简介

朱熹（1130—1200），南宋理学家、哲学家、教育家。字元晦，又字仲晦，号晦庵，晚称晦翁，世称朱文公，祖籍徽州婺源（今江西婺源），被世人尊称为朱子。朱熹是唯一非孔子亲传弟子而享祀孔庙，位列大成殿十二哲者。

朱熹著述甚多，有《四书章句集注》《太极图说解》《通书解说》《周易读本》《楚辞集注》，后人辑有《朱子大全》《朱子集语象》等。其中《四书章句集注》成为元、明、清时期钦定的教科书和科举考试的标准答案。

诗词赏析

这是一首借景喻理的古诗。全诗用"方塘"做喻体，形象地表达了作者的读书感受。

池塘并不是一潭死水，而是常常有活水注入，因此水面像明镜一样清澈见底，映照着天光云影。作者认为，此情此景和人在读书时，搞懂问题、获得新知而大有收益、提高认识时的情形非常相似。这首诗所表现的读书有悟有得时的那种灵气流动、思路通畅而自得自在的感受，正是作者作为一位大学问家的切身读书感受。特别是"问渠那得清如许？为有源头活水来"两句，以水如此清澈是因为有源头活水不断注入，暗喻人要心灵澄明，就要认真读书，时时补充新知识，终身学习。

扫码听故事，回答问题：

1. 传说中朱熹的"贵人之相"是指什么？
2. 朱熹说读书要"三到"，说的是哪"三到"？

观书有感（其二）

[宋]朱熹

昨夜江边春水生，

蒙冲①巨舰一毛轻②。

向来③枉费推移力④，

此日中流⑤自在行。

注释

①蒙冲：一说指古代攻击性很强的战舰名，这里指大船。

②一毛轻：像一片羽毛般轻盈。

③向来：原先，指春水上涨之前。

④推移力：指水浅时行船困难，需人推挽而行。

⑤中流：河流的中心。

诗词讲解 ••••••••••••••••••••••••••••••

　　昨天夜晚江边的春水大涨，使得那艘大船就像一片羽毛一般轻盈。原先花费许多力量也不能推动它，今天它却能在江水中央自在漂流。

 诗词赏析 ••••••••••••••••••••••••••••••

　　本诗借助具体形象来阐述道理。诗人以泛舟为例，让读者去体会与学习有关的道理。

　　"昨夜江边春水生，蒙冲巨舰一毛轻"，其中的"蒙冲"是大船的意思。由于"昨夜"下了大雨，"江边春水"猛涨起来，本来搁浅的"蒙冲巨舰"就如羽毛般浮了起来。"向来枉费推移力，此日中流自在行"，写原先船太大而水浅，就算众人使劲推船，也是白费力气，而当春水猛涨，巨舰却能自由自在地漂行在水流中。诗中突出"春水"的重要性，强调艺术灵感的勃发，足以使得艺术创作流畅自如；也可以理解为创作艺术基本功夫到家，就可以熟能生巧，驾驭自如。后人觉得这首诗很可能是作者苦思某个问题，经过学习忽然有了心得后写下来的。

扫码听故事，回答问题：

　　1.这首诗中倡导读书人遵循的方法和规律是什么？
　　2.说说你对诗人读书方法的了解。

五年级·下

四时田园杂兴[1]（其三十一）

［宋］范成大

昼(zhòu)出耘(yún)田[2]夜绩麻[3]，

村庄儿女各当家[4]。

童孙未解[5]供(gòng)[6]耕织，

也傍[7]桑阴[8]学种瓜。

注释

①杂兴：随兴写来，没有固定题材的诗篇。

②耘田：在田间除草。

③绩麻：把麻搓成线。

④各当家：每个人都承担一定的工作。

⑤解：理解，懂得。

⑥供：从事，担任。

⑦傍：靠近。

⑧桑阴：桑树的树荫。

 诗词讲解 ·

　　在农村，白天田间除草，夜晚在家搓麻线，农家男女都担任一定的工作。小孩子不懂得种田织布之事，却也学着大人在桑树荫下种瓜。

🎨 **诗词赏析** ·

　　这首诗描写的是初夏时节农村平凡生活中的一个场景。

　　第一句"昼出耘田夜绩麻"讲的是：白天到田里去除草，晚上搓麻线。初夏时节，水稻田里的秧苗需要除草了，这是男人们干的活；"绩麻"是指妇女们在白天干完别的活后，晚上就搓麻线，再织成布。这句直接描写劳动的场面。第二句"村庄儿女各当家"，"儿女"指的是男女，年轻人，"当家"指男女都不得闲，各自分担工作。第三句"童孙未解供耕织"，"童孙"指家里的孩子们，他们不会耕也不会织布，但从小受大人们的熏陶，也喜爱劳动，于是有了最后一句"也傍桑阴学种瓜"，他们就在茂盛成荫的桑树底下学种瓜。最后一句表现了农村儿童的天真烂漫。

这是农村中常见的场景，非常有特色。诗人用质朴清新的笔调，对农村初夏时的紧张劳动气氛进行了较为细腻的描写，读来妙趣横生。

扫码听故事，回答问题：

1. 范成大的《四时田园杂兴》组诗一共有多少首？

2. 范成大著名的《四时田园杂兴》和《腊月村田乐府》诗集，生动描写了各个季节的农村景物，对后世影响很大，因而他被称为什么？

稚子^①弄冰

[宋] 杨万里

稚子金盆脱晓冰^②，

彩丝穿取当银钲^③。

敲成玉磬^④穿林响，

忽作玻璃^⑤碎地声。

注释

①稚子：幼小的孩子。

②金盆脱晓冰：早晨从金属盆里把冰取出来。

③钲：一种金属打击乐器，形状像钟，有长柄。

④磬：一种打击乐器，形状像曲尺。

⑤玻璃：指古时候的一种天然玉石，也叫水玉，并不是现在的玻璃。

 诗词讲解

　　孩子们早晨起来，将冻结在铜盆里的冰块取出，用彩线穿起来当钲。他们提着玉磬似的冰块在树林里边敲边跑，声音回荡在树林之间。忽然冰块被敲碎，散落一地，那声音就像水玉落地摔碎时的声音一样动听。

诗词赏析

　　诗中描绘的孩子们弄冰的场景，充满了生活的乐趣：心态上，寒冷的冬天"弄冰"，展现了童心的炽热；颜色上，"金"盆、"彩"丝串、"银"冰，色彩鲜明；形态上，用"金盆"脱出的"银钲"，生动形象；声音上，有"玉磬穿林响"的高亢，忽又转作"玻璃碎地声"的清脆，悦耳动听。全诗绘声绘色地表现出冬日儿童以冰为钲、自得其乐的盎然意趣。

　　全诗突出一个"稚"字。稚气和乐趣能使儿童忘却严冬的寒冷，保持一如既往的活力和快乐。而孩童与老人在心理上有许多相通之处，也正因如此，孩童冬日"弄冰"的行为在老人眼里才有说不出的情趣。诗人发自内心地喜爱儿童的天真，善于捕捉儿童充满乐趣的生活场景，所以才能把儿童玩冰的情景描绘得如此生动有趣。

扫码听故事，回答问题：

  1. 稚子弄冰展现的是古时候劳动人民的什么习俗？

  2. 杨万里曾拜一个小孩为师，为什么呢？

村晚

[宋]雷震

草满池塘水满陂（bēi）[①]，
山衔[②]落日浸[③]寒漪（yī）[④]。
牧童归去横牛背[⑤]，
短笛无腔[⑥]信口[⑦]吹。

注释

①陂：池岸。

②衔：口里含着。此指落日西沉，半挂在山腰，像被山咬住了。

③浸：淹没。

④漪：水波。

⑤横牛背：横坐在牛背上。

⑥腔：曲调。

⑦信口：随口。

 诗词讲解 •

  绿草长满了池塘，池塘里的水几乎溢出塘岸。青山衔着红彤彤的落日，它们的影子都倒映在水中，闪动着粼粼波光。一个小牧童横骑在牛背上，缓缓地走在回家的路上，他的手里拿着一支短笛，随口吹着，也没有固定的曲调。

 诗人简介 •

  雷震（生卒年不详），南宋诗人。或认为他是眉州（今四川眉山）人，宋宁宗嘉定年间进士。还有种说法，认为他是南昌（今江西）人。宋度宗咸淳元年（1265）进士。

诗词赏析

　　诗的前两句写景。第一句中，"草满池塘"是说春末池塘里的青草已经长满，"水满陂"是说正逢多雨季节，因此水涨得很高，快要溢出池塘。

　　第二句写远山落日。首先用一个"衔"字，形象地展现出夕阳西下，挂在山头上的情景。接着诗人又用一个"浸"字，描绘出落日青山倒映在水中的美景。全诗以池塘为中心，以池塘中的绿草与清清的池水引出青山与落日，中间用一个"浸"字做纽带把这些景物联系起来，使池塘显得非常热闹，色彩也十分绚丽。

　　在这样宁静优美的背景中，主人公——牧童登场了。他侧骑着牛，悠然自得地走向村庄，手中拿着一支短笛随意吹着。与上两句的恬静相比，这两句描绘得生动活泼。你看那牧童骑着牛，也并不是规规矩矩地骑，而是横坐在牛背上；他吹笛也不是认真地吹，而是"无腔信口吹"，随心所欲想怎么吹就怎么吹，没有固定的曲调。后两句将牧童调皮天真的神态活灵活现地呈现在读者面前，使人为之耳目一新。

扫码听故事，回答问题：

　　1."诗中有画，画中有诗"是用来评价谁的诗的？

　　2.描写夕阳、牛的古诗还有哪些？

游子①吟②

[唐] 孟 郊

慈母手中线，游子身上衣。

临③行密密缝，意恐④迟迟归⑤。

谁言⑥寸草⑦心⑧，报得⑨三春晖⑩。

注释

①游子：古代称远游旅居的人。

②吟：诗体名称。

③临：将要。

④意恐：担心。

⑤归：回来，回家。

⑥言：说。

⑦寸草：小草。这里比喻子女。

⑧心：语义双关，既指草木的茎秆，又指子女的心意。

⑨报得：报答。

⑩晖：阳光。形容母爱如春天温暖、和煦的阳光般照耀着子女。

 诗词讲解

　　慈祥的母亲手里拿着针线，正在为即将远游的孩子缝制新衣。在儿子临行前一针一针密密地缝制，因为她担心儿子回来得晚衣服会有破损。谁说像小草那样微弱的孝心，能报答像春晖普泽的慈母恩情？

 诗人简介

　　孟郊（751—814），唐诗人。字东野，湖州武康（今浙江德清）人。有"诗囚"之称，又与贾岛齐名，人称"郊寒岛瘦"。现流传的孟郊的诗歌有《孟东野诗集》，以短篇的五言古诗最多。

 诗词赏析

　　这是一首赞美母爱的诗歌。全诗共六句三十字，采用白描的手法，通过一个看似平常的母亲给临行的儿子缝衣的场景，凸显并歌颂了母爱的伟大与无私，表达了诗人对母爱的感激以及对母亲深深的爱与尊敬。这首诗情感真挚自然，家喻户晓，千百年来被广为传诵。

開头两句"慈母手中线，游子身上衣"，用"线"与"衣"两件经常见到的东西将"慈母"与"游子"紧紧联系在一起，写出母子相依为命的骨肉深情。

紧接两句"临行密密缝，意恐迟迟归"，通过母亲为游子赶制出门的衣服的动作和心理描写，深化母子之间的骨肉亲情。临行前，母亲手持针线"密密缝"是因为怕儿子"迟迟"难归。慈母对游子的一片深情，正是在日常生活中的细节中自然地流露出来的，朴素自然，亲切感人。这里既没有写言语的嘱托，也没有写离别的眼泪，却深深地感动着我们。诗歌前面四句采用白描手法，不做任何修饰，慈母的形象真切感人。最后两句是前四句的升华，诗人从游子的角度，写出对母亲的感恩："谁言寸草心，报得三春晖。"作者直抒胸臆，赞美了这人间最平凡却伟大的母爱。这两句采用传统的比兴手法：儿女像区区小草，母爱如春天阳光。儿女不能报答母亲万一。悬殊的对比、形象的比喻，寄托着子女对慈母发自肺腑的炽烈情感。

扫码听故事，回答问题：

1. 孟郊去世时，家徒四壁，是什么人帮着把他安葬的？

2. 孟郊考中进士后，写了一首诗表达他当时的心情。这首诗的名字叫什么？

鸟鸣涧①

[唐]王 维

人 闲②桂 花 落，

夜 静 春 山③空④。

月 出 惊⑤山 鸟，

时 鸣 春 涧 中。

注释

①鸟鸣涧：鸟儿在山涧中鸣叫。

②人闲：指没有人类活动相扰。闲，安静，悠闲，含有人声寂静的意思。

③春山：春日的山，亦指春日山中。

④空：空寂，空空荡荡。这里形容山中非常寂静。

⑤惊：惊动，扰乱。

 诗词讲解 ●

寂静的山谷中，只有桂花在无声地飘落，夜半更深，万籁俱寂，似空无一物。明月升起，惊动了几只山中栖息的小鸟，它们不时地鸣叫，清脆的声音长久地回荡在山涧中。

 诗词赏析 ●

这首诗是王维山水诗中的代表作品之一。这首诗的精妙之处在于动静对比衬托出的诗情画意。

第一、第二句"人闲桂花落，夜静春山空"，以声音写景，巧妙地采用了通感的修辞手法，将"花落"这一动态情景与"人闲"结合起来。"人闲"说明没有世事的烦扰，诗人的内心平静。花开花落，都属于天籁，只有心真正闲下来，放下对世俗杂念的执着，才能将个人的精神提升到一个"空"的境界。当时正是深夜，花开花落不易被察觉，但因为"夜静"，更因为欣赏风景的人心静，所以他还是感受到了盛开的桂花从枝头脱落、飘下、着地的过程。

末句"月出惊山鸟,时鸣春涧中",诗人以动写静,一"惊"一"鸣",看似打破了夜的静谧,实际上是用声音衬托山里的幽静与闲适:月亮从云层中钻了出来,静静的月光流泻下来,几只鸟儿从睡梦中醒了过来,不时地呢喃几声,和着春天山涧细细的水流声,这座寂静山林的整体意境呈现在读者眼前。

王维喜欢在他的山水诗里创造静谧的意境,纵观这首诗,作者用以动衬静的手法,收到了"鸟鸣山更幽"的艺术效果。

扫码听故事,回答问题:

1. 王维是受谁的邀请到的云溪?
2. 云溪是春秋时期哪国文化的发源地?

从军行①

[唐] 王昌龄

青海②长云暗雪山③，
孤城遥望玉门关④。
黄沙百战穿金甲，
不破楼兰⑤终不还。

注释

①从军行：乐府曲名，内容多写边塞情况和战士的生活。

②青海：指青海湖。

③雪山：这里指甘肃省的祁连山。

④玉门关：古关名，故址在今甘肃敦煌西北。

⑤楼兰：西域古国名，这里泛指西域地区的各部族政权。

诗词讲解

青海湖上空阴云密布，遮暗了雪山，将士在边塞孤城向玉门关眺望。守关的将士在漫天黄沙中身经百战，磨穿盔甲，壮志不改，不打败西部的敌人誓不返回家乡。

诗词赏析

典型环境与人物情感高度统一，是王昌龄绝句的一个突出特点，这在本诗中也有明显的体现。

诗的前两句描绘了一幅辽阔苍凉的边疆图：青海湖上空阴云弥漫，湖的北面横亘着绵延千里的隐隐的雪山；越过雪山，是矗立在河西走廊荒漠中的一座孤城；从这里再往西，就是和孤城遥遥相对的军事要塞——玉门关。这幅囊括了东西数千里广阔地域的长卷，就是当时西北边疆戍边将士生活、战斗的典型环境。在唐代，大唐西有吐蕃，北有突厥。当时青海是唐军和吐蕃多次交战的地方，而玉门关外就是吐蕃的势力范围，所以这两座城池是非常重要的防线。这两句诗还渗透着丰富的感情：戍边将士对边防形势的关注，对自己所担负的任务的自豪感、责任感，以及戍边生活带来的孤寂、艰苦之感，都融合在悲壮、开阔而又迷蒙暗淡的景色里。

第三、第四两句由情景交融的环境描写转为直接抒情。"黄沙百战穿金甲"是概括力极强的诗句，守卫边疆的时间漫长、战争频繁、战斗艰苦、敌军强悍、边疆地方荒凉，被诗人用简简单单的七个字概括出来了。"百战"是比较抽象的，冠以"黄沙"二字，就突出了西北战场的特征，仿佛向我们展现了"日暮云沙古战场"的景象，我们可以想象得到战斗的艰苦激烈场景，也可以想象出在这段长长的历史中有许许多多的将士为守卫国土壮烈牺牲。但是，金甲被磨穿，将士的报国壮志却并没有改变，反而在大漠风沙的磨炼中变得更加坚定。"不破楼兰终不还"就是身经百战的将士的豪壮誓言，铿锵有力，掷地有声。

扫码听故事，回答问题：

1."破楼兰"的典故出自哪里？
2.王昌龄的《从军行》一共有几首？

秋夜将晓出篱门迎凉有感

[宋]陆 游

三万里河①东入海，

五千仞岳②上摩天③。

遗民④泪尽胡尘⑤里，

南望王师⑥又一年。

注释

①三万里河：指黄河。"三万里"形容很长。

②五千仞岳：指华山。"仞"，长度单位。"五千仞"形容很高。

③摩天：碰到天，形容极高。

④遗民：指在金统治地区生活的原宋朝百姓。

⑤胡尘：指金统治地区的风沙，这里借指金政权。

⑥王师：南宋朝廷的军队。

诗词讲解

　　三万里长的黄河奔腾向东流入大海，五千仞高的华山耸入云霄碰到青天。中原人民在金人的压迫下眼泪已流尽，盼望王师北伐盼了一年又一年。

诗词赏析

　　要想理解这首诗，必须理解"河""岳"，"河"指黄河，这一点无异议；"岳"，有人认为指泰山，但多数人认为这里指华山，理由是黄河与华山都在金人的占领区内。

　　奇伟壮丽的山河，显示着祖国的可爱，象征着民众的坚强不屈，然而大好河山陷于敌手，使人感到无比愤慨。"三万里河东入海，五千仞岳上摩天。"两句一横一纵，北方中原半个中国的形胜便鲜明突兀、淋漓尽致地展现出来了。这两句诗意境阔大深沉，对仗工整。而"遗民泪尽胡尘里，南望王师又一年"句诗人笔锋一转，顿时风云突起，诗境向更深远的方向开拓。"泪尽"一词，千回万转，更含无限辛酸。眼泪流了六十多年，早已尽了。但即使"眼枯终见血"，那些心怀故国的遗民依然企盼宋廷进攻；金人马队扬起的灰尘，隔不断他们苦盼王师的视线。中原广大人民受到的压迫之沉重、经受折磨的历程之长久、期望朝廷收复失地的信念之坚定不移与迫切，都充分表达出来了。以"胡尘"做"泪尽"的背景，感情愈加沉痛。结句一个"又"字扩大了时间的上限。他们年年岁岁盼望着南宋能够出师北伐，可是岁岁年年愿望落空。他们不知道，南宋君臣早已把他们忘记得干干净净。

诗人的爱国热忱真如压在地下的跳荡火苗，历久愈炽；而南宋统治者们则正醉生梦死于西子湖畔，把大好河山、国恨家仇丢在脑后，可谓心死久矣。诗人极写北地遗民的苦望，实际上是在表露自己心头的失望。诗人为遗民呼号，目的还是引起南宋当国者的警觉，激起他们的光复之志。

扫码听故事，回答问题：

1. 诗人陆游最大的愿望是什么？
2. "胡尘"中的"胡"指当时哪国？

闻官军收河南河北

[唐] 杜甫

剑外①忽传收蓟北②，初闻涕泪满衣裳。

却看③妻子④愁何在，漫卷诗书喜欲狂。

白日放歌须纵酒，青春⑤作伴⑥好还乡。

即从巴峡穿巫峡，便下襄阳向洛阳。

注释

①剑外：指作者所在的蜀地。

②蓟北：泛指唐朝蓟州北部地区，当时是叛军盘踞的地方。

③却看：回头看。

④妻子：妻子和孩子。

⑤青春：指春天。

⑥作伴：与妻儿一同。

 诗词讲解 ●

　　剑门关外忽然传来官军收复蓟北的消息，我刚听到时，眼泪洒满了我的衣裳。再回头看看妻子和孩子，哪里还有一点儿忧伤，我也胡乱地卷起诗书欣喜若狂。在明朗的太阳底下，我要放声歌唱，尽情喝酒，趁着明媚春光与妻儿一同返回家乡。我们就从巴峡穿过巫峡，经过了襄阳后直奔洛阳。

 诗词赏析 ●

　　唐朝天宝十四载（755），安史之乱爆发。诗人身处战乱之中，多年漂泊"剑外"，备尝艰苦，想回故乡而不能。如今"忽传收蓟北"，惊喜的洪流一下子冲开了封闭已久的情感闸门，令诗人心中涛翻浪涌。"初闻涕泪满衣裳"，"初闻"紧承"忽传"，"忽传"表现捷报来得太突然，"涕泪满衣裳"则以形传神，表现突然传来的捷报在诗人"初闻"的刹那所激发的感情波涛，这是喜极而悲、由悲转喜、悲喜交集的真实表现。这里对心理变化、复杂感情的描绘极其精当，没有很多笔墨，只用"涕泪满衣裳"五个字，内心的一切便表达得淋漓尽致。

　　颔联写出了惊喜的更高峰，对"喜欲狂"做了更加具体形象的解释。"却看妻子""漫卷诗书"，这是两个连续性的动作，带有一定的因果关系。当诗人悲喜交集、喜极而泣之时，自然想到多年来同受苦难的妻子儿女。"却看"这个动作极富意蕴，诗人似乎想向家人说些什么，但又不知从何说起。亲人们都不再是愁眉苦脸，而是笑逐颜开。亲人的喜反过来增加了诗人的喜，诗人再也无心伏案了，随手卷起诗书，大家同享胜利的欢乐，沉浸在喜气洋洋的氛围中。

"白日放歌须纵酒，青春作伴好还乡"一联，就"喜欲狂"做进一步抒写。作此诗时，诗人已到了老年，老年人难得"放歌"，也不宜"纵酒"；如今诗人既要"放歌"，还须"纵酒"，正是"喜欲狂"的具体表现。春天已经来临，在鸟语花香中与妻子儿女们"作伴"，正好"还乡"。诗人想到这里，自然就会更加"喜欲狂"了。尾联写诗人关于"青春作伴好还乡"的狂想，诗人的惊喜达到高潮。

全诗感情奔放，痛快淋漓地抒发了作者无比喜悦的心情，不愧为杜甫"平生第一快诗"。此诗除第一句叙事点题外，其余各句，都是抒发诗人忽闻胜利消息之后的惊喜之情。诗人的思想感情发自内心，喷涌直泻。后六句虽然都是对偶句，但如说话一般，明白自然，有水到渠成之妙。

扫码听故事，回答问题：

1. 这首诗创作于唐朝哪个事件结束后？

2. 杜甫的诗大部分是感时伤世、沉郁顿挫的，但是有一首诗号称老杜"生平第一快诗"。这首诗的题目是什么？

凉州词①

[唐] 王之涣

黄河远上②白云间，
一片孤城万仞山。
羌笛③何须怨④杨柳⑤，
春风不度⑥玉门关。

注释

①凉州词：又名《出塞》，为当时流行的一首曲子（《凉州词》）配的唱词。

②黄河远上：远望黄河的源头。远上，远远向西望去。

③羌笛：羌笛是羌族乐器，属横吹式管乐。

④何须怨：何必埋怨。

⑤杨柳：泛指柳树。这里指的是《折杨柳》。

⑥不度：吹不到。

诗词讲解

黄河好像从白云间奔流而来，玉门关孤独地耸峙在高山中。何必用羌笛吹起那哀怨的《折杨柳》去埋怨春光迟迟不来呢？玉门关一带春风是吹不到的啊！

诗词赏析

"凉州词"不是诗题，而是凉州歌的唱词，是盛唐时流行的一种曲调名。

这首诗写的是戍边士兵的怀乡情，苍凉慷慨，悲而不失雄壮，虽极力渲染戍卒不得还乡的怨情，但没有半点颓丧消沉的情调，充分表现出盛唐诗人的广阔胸怀。

诗的前两句描绘了西北边地壮阔的风光。首句诗人抓住自下（游）向上（游）、由近及远眺望黄河的特殊感受，描绘出

"黄河远上白云间"的动人画面：汹涌澎湃、波浪滔滔的黄河竟像一条丝带迤逦飞上云端。这句诗写得真是神思飞跃，气象开阔。而"黄河远上白云间"，"上"的方向与河的流向相反，意在突出其源远流长，表现的是一种静态美，同时展示了边地广漠壮阔的风光，不愧为千古奇句。

次句"一片孤城万仞山"中出现了塞上孤城，这是此诗主要意象之一，属于"画卷"的主体部分。"黄河远上白云间"是它远大的背景，"万仞山"是它靠近的背景。在远川高山的衬托下，此城地势险要、处境孤危。这样一座漠北孤城，当然不是居民点，而是戍边的堡垒，诗人同时暗示读者诗中有征夫在。"孤城"作为古典诗歌中常见的词语，具有特定含义，往往与离人愁绪联系在一起。第二句"孤城"意象先行引入，为下两句进一步刻画征夫的心理做好了准备。

在这种环境中诗人忽然听到了羌笛声，所吹的曲调恰好是《折杨柳》，这就不能不勾起戍卒的离愁了。北朝乐府《鼓角横吹曲》有《折杨柳枝》，歌词曰："上马不捉鞭，反拗杨柳枝。下马吹横笛，愁杀行客儿。"歌中提到了行人临去时折柳。这种折柳赠别之风在唐代极为流行。于是，杨柳和离别就有了密切的联系。现在当戍边士卒听到羌笛吹奏着悲凉的《折杨柳》曲调时，难免会触动离愁别恨。于是，诗人用豁达的语调开解道：羌笛何须老是吹奏那哀怨的《折杨柳》曲调呢？要知道，玉门关外本来就是春风吹不到的地方，哪有杨柳可折！诗人说"何须怨"，并不是没有怨，也不是劝戍卒不要怨，而是说怨也没用。

　　这首诗是一幅西北边疆壮美风光的画卷，又是一首对出征将士满怀同情的怨歌，二者统一于短短的四句诗中，引人遐想，耐人寻味，全诗句句精彩，情景交融，妙绝千古。

扫码听故事，回答问题：

1. 王之涣和哪两个诗人是好朋友？
2. 凉州是现在的哪座城市？

黄鹤楼送孟浩然之广陵

[唐]李 白

故人①西辞②黄鹤楼，

烟花③三月下④扬州。

孤帆远影碧空尽⑤，

唯见⑥长江天际流⑦。

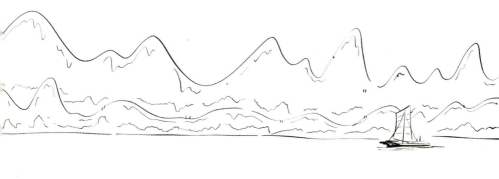

五年级·下

注释

①故人：老朋友，这里指孟浩然。

②辞：辞别。

③烟花：形容柳絮如烟、繁花似锦的春天景物，指艳丽的春景。

④下：顺流向下而行。

⑤碧空尽：消失在碧蓝的天际。尽，尽头，消失了。

⑥唯见：只看见。

⑦天际流：流向天边。

诗词讲解

　　老朋友在黄鹤楼与我辞别，在柳絮如烟、繁花似锦的阳春三月顺流向下到扬州游历。朋友乘坐的帆船渐渐远去，消失在碧空尽头，我只看见滚滚长江向着天际奔流不息。

诗词赏析

　　李白是一位热爱自然、喜欢交游的诗人。这首诗表现了一种充满诗意的离别。之所以如此，是因为这是两位风流潇洒的诗人的离别，还因为这次离别跟一个繁华的时代、繁华的季节、繁华的地区相联系，分别的不舍中还带着诗人的向往，这就使得这次离别多了些诗意、少了份伤感。

　　诗的起句"故人西辞黄鹤楼"紧扣题旨，点明送行的地点及诗人自己与被送者的关系。"故人"一词说明了两位诗人的深厚情谊。"黄鹤楼"是天下名胜，是文人墨客流连聚会之所，又是传说中仙人乘鹤升天之处。而今两位潇洒飘逸的诗人在此道别，更带有诗意和浪漫色彩。第二句"烟花三月下扬州"，紧承首句，写送行的时间与被送者要去的地方。"扬州"是东南都会，自古繁华，而"三月"又正是春光明媚、百花争艳的季节。诗人用"烟花"修饰"三月"，不仅传神地写出烟雾迷蒙、繁花似锦的阳春特色，也使人联想到处在开元盛世的扬州，那花团锦簇、绣户珠帘、繁荣而又太平的景象。

　　诗的第三、第四句正是写李白送别友人时的惜别深情。"孤帆远影碧空尽，唯见长江天际流。"表面看来这两句诗全是写景，其实有着诗人鲜明的形象。"孤帆"绝不是说浩瀚的长江上只有一只帆船，而是说诗人的全部注意力和感情只集中在友人乘坐的那一只帆船上。诗人在黄鹤楼边送行，看着友人乘坐的船挂起风帆，渐渐远去，越来越小，越来越模糊，只剩下一点影子消失在水天相接之处，而诗人仍然久久伫立，目送流向天际的江水，似乎要把自己的一片情意托付江水，陪船前行，将友人送到目的地。这两句诗表达了非常深挚的友情，然而在诗句中找不到"友情"这个字眼。诗人巧妙地将依依惜别的深情寄托在对自然景物的动态描写之中，将情与景完全融合在一起了，真正做到了含吐不露而余味无穷。

扫码听故事，回答问题：

　　1.黄鹤楼在今天的哪座城市？
　　2.李白初登黄鹤楼，心情很郁闷，这是因为什么？

乡村四月

[宋] 翁 卷

绿遍山原白满川①，

子规②声里雨如烟。

乡村四月闲人少，

才了③蚕桑④又插田。

注释

①白满川：指稻田里的水色映着天光。川，山原，平地。

②子规：杜鹃鸟。

③才了：才料理完。

④蚕桑：种桑养蚕。

 诗词讲解 ••••••••••••••••••••••••

　　初夏时节，江南的山间原野到处绿油油的，满河的流水映着天光，白茫茫一片。在如烟似雾的细雨中，杜鹃鸟不时地鸣叫着。四月到了，农民都开始忙农活，没有人闲着，刚结束了种桑养蚕的事又要插秧种田了。

 诗人简介 ••••••••••••••••••••••••

　　翁卷（生卒年不详），南宋诗人。字续古，一字灵舒，乐清（今浙江）人。为"永嘉四灵"之一，其著作有《四岩集》等。

 诗词赏析 ••••••••••••••••••••••••

　　这首诗以清新明快的笔调，出神入化地描写了江南农村初夏时节的旖旎风光，表达了诗人对乡村生活的热爱之情。全诗格调轻松、形象鲜明，把自然之美和劳动之美和谐地统一在画面里，流露出诗人的赞美之情。

　　诗歌的前两句写自然景象。"绿"，写树木葱郁，"白"，写水光映天。诗人从视觉角度着手，描绘出明丽动人的山水色彩。第二句不仅以烟喻雨，写出了江南梅雨时节特有的景致，而且以催耕的鸟声为画面增添了无限的生机。前句是静景，有山原有河水，一"绿"一"白"，色彩明丽；后句是动景，有子规的鸣叫声，有细雨的飘洒，情意绵绵。诗人于景物描写中，暗示出农事正忙。山原绿遍，草木葱茏，桑叶也正肥嫩，河水涨满，细雨如烟，恰是插秧的好时机，更有杜鹃鸟热心地鸣叫催促，人们怎么能够停闲呢？

后两句写农家的繁忙。"乡村四月闲人少"一句，绘尽农家四月繁忙的景象；而第四句以"蚕桑"照应首句的"绿遍山原"，以"插田"照应首句的"白满川"，一个"才"和一个"又"两个虚词极富表现力，不言"忙"而"忙"意自见。诗人不正面直说人们太忙，却说闲人很少，那是故意说得委婉一些、舒缓一些，为的是让人们在一片繁忙紧张之中保持一种从容恬静的气度，而这从容恬静与前两句景物描写的水彩画式的朦胧色调是和谐统一的。

扫码听故事，回答问题：

1. 诗人翁卷有没有做过官？
2. "永嘉四灵"指的是哪四个人？

六年级·上

宿建德江①

[唐] 孟浩然

移舟②泊③烟渚④，

日暮客⑤愁⑥新。

野⑦旷⑧天低树，

江清月近人。

注释

①建德江：指新安江流经建德（今属浙江）西部的一段江水。

②移舟：划动小船。

③泊：停船靠岸。

④渚：水中间的小块陆地。

⑤客：指作者自己。

⑥愁：为思乡而忧愁不堪。

⑦野：原野。

⑧旷：空阔远大。

 诗词讲解 •••••••••••••••••••••••••••••••••••••

　　把小船停靠在烟雾迷蒙的小沙洲旁，日暮时分新愁又涌上客子心头。

　　旷野无边无际，远天比树还低沉，江水清清，明月倒映在水中来和人相亲相近。

 诗词赏析 •••••••••••••••••••••••••••••••••••

　　这首诗是唐人五绝中的写景名篇，是一首刻画秋江暮色的诗歌。诗人把小船停靠在烟雾迷蒙的江边想起了以往的事情，因而以舟泊暮宿作为自己抒发感情的归宿，写出了羁旅之思。

　　诗首句中"移舟"就是移舟近岸的意思；"泊"，这里有停船宿夜的含意。船停靠在江中一个烟雾朦胧的小洲边，这一面是点题，另一面也为下文的写景抒情做了准备。"日暮客愁新"，"日暮"显然和上句的"泊""烟"有联系，因为日暮，船需要停宿；也因为日落黄昏，江面上才水烟蒙蒙。同时"日暮"又是"客愁新"的原因。"客"是诗人自指。

接下来，诗人用一组对句铺写景物，似乎要将一颗愁心化入那空旷寂寥的天地之中。第三句写日暮时刻，苍苍茫茫，旷野无垠，放眼望去，远处的天空显得比近处的树木还要低，"低"和"旷"是相互依存、相互映衬的。第四句写夜已降临，高挂在天上的明月映在澄清的江水中，和舟中的人离得那么近，"近"和"清"也是相互依存、相互映衬的。"野旷天低树，江清月近人"，这种极富特色的景物，只有人在舟中才能领略得到。诗的第二句就点出"客愁新"，这后两句好似诗人怀着愁心，在这广袤而宁静的宇宙之中一番上下求索后，终于发现还有一轮孤月此刻和他是那么亲近！诗人寂寞的愁心似乎寻得了慰藉，诗也就此结束了。

此诗先写羁旅夜泊，再叙日暮添愁；然后写到宇宙广袤宁静，明月伴人更亲。一隐一现，虚实相间，两相映衬，互为补充，构成一个特殊的意境。诗中虽只有一个"愁"字，却把诗人内心的忧愁表现得淋漓尽致，野旷江清，秋色历历在目。

扫码听故事，回答问题：

1. 今天的故事带领你去了哪里呢？

2. 诗人孟浩然被称为盛唐山水田园诗派的第一人。慕名拜访他的人越来越多，都有谁来登门拜访？

六月二十七日望湖楼①醉书

[宋] 苏 轼

黑云翻墨②未遮山，
白雨跳珠③乱入船。
卷地风④来忽吹散，
望湖楼下水如天。

注释

① 望湖楼：在今浙江杭州西湖边。

② 翻墨：像墨汁一样的黑云在天上翻卷。

③ 跳珠：形容雨点像珍珠一样在船中跳动。

④ 卷地风：狂风从地面卷起。

诗词讲解

黑云翻滚如同打翻的墨汁，还未遮住群山。不一会儿我的小船上突然多了一些"珍珠"，那是暴虐的雨点。一阵狂风平地而来，将云雨都吹散。当我登上望湖楼，看到的却是天蓝蓝、水蓝蓝。

诗词赏析

这首诗是苏轼游览西湖时所写。他先荡舟湖内，亲见西湖上一场风雨变幻；又舍舟登岸，在湖边的望湖楼上观赏楼前的水光云影，一面饮酒至醉，一面吟诗作歌。此诗是当时他作的五首绝句中的第一首。

这首诗第一句写云：黑云像打翻了的黑墨水，还未来得及把山遮住。诗人把乌云比作"翻墨"，形象逼真。从云起雨来到云散雨收，从荡舟遇雨到登楼醉眺，把这许多内容纳入一首绝句内，自然难不倒东坡。第二句写雨：白亮亮的雨点落在湖面溅起无数水花，乱纷纷地跳进船舱。诗人用"跳珠"形容雨点，有声有色。一个"未"字，突出了天气变化之快；一个"跳"字，一个"乱"字，写出了暴雨之大、雨点之急。第三句写风：

猛然间，狂风席卷大地，吹得湖面上霎时雨散云飞。"忽"字用得十分轻巧，却突出天色变化之快，显示了风的巨大威力。最后一句写天和水：雨过天晴，风平浪息，诗人舍船登楼，凭栏而望，只见湖面上天映水，水映天，水色和天光一样明净，一样蔚蓝。风呢？云呢？通通不知哪儿去了，方才的一切好像全都不曾发生似的。这时的诗人，早已在望湖楼上饮酒了。他凭栏眺望，见远处的群山沐浴在阳光之中，下面的湖水像天空一样澄净蔚蓝。

此诗描绘了望湖楼的美丽雨景。才思敏捷的诗人用诗句捕捉到西子湖这一番别具风味的"即兴表演"，绘成一幅"西湖骤雨图"。乌云骤聚，大雨突降，顷刻又雨过天晴，水天一色。首先，前两句中又是山，又是水，又是船，这就点明了诗人正在西湖泛舟。其次，作者用"黑云翻墨""白雨跳珠"构成强烈的色彩对比，给人以很强的质感。最后，诗人用"翻墨"写云的来势，用"跳珠"描绘雨点飞溅的情态，以动词前移的句式使比喻运用得灵活生动却不露痕迹。这首绝句以爽朗的笔意、流畅的语言，表达了精深美妙的意境和悠然自得的情趣，不愧为东坡的名篇杰作。

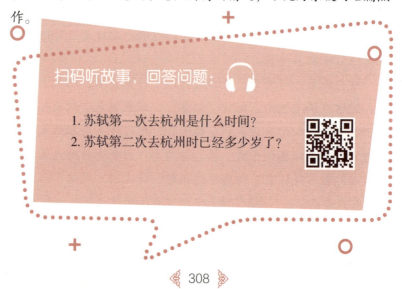

扫码听故事，回答问题：

1. 苏轼第一次去杭州是什么时间？
2. 苏轼第二次去杭州时已经多少岁了？

西江月① · 夜行黄沙道中②

[宋] 辛弃疾

明月别枝③惊鹊，清风半夜鸣蝉④。

稻花香里说丰年，听取蛙声一片。

七八个星天外，两三点雨山前。

旧时⑤茅店⑥社林⑦边，路转溪桥忽见⑧。

注释

①西江月：词牌名。

②夜行黄沙道中：词题。黄沙即黄沙岭，在今江西上饶的西面。

③别枝：横斜的树枝。

④鸣蝉：蝉叫声。

⑤旧时：往日。

⑥茅店：用茅草盖的旅舍。

⑦社林：社庙丛林。社，社庙，土地庙。

⑧见：同"现"，显现，出现。

 诗词讲解 •

　　天边的明月升上了树梢，惊飞了栖息在枝头的喜鹊。清凉的晚风中仿佛传来了远处的蝉鸣声。在稻花的香气里，人们谈论着丰收的年景，耳边传来一阵阵青蛙的叫声。天空中轻云飘浮，闪烁的星星时隐时现，山前下起了淅淅沥沥的小雨。从前那熟悉的茅店小屋在土地庙附近的树林中，依然是从前那熟悉的样子，拐了个弯，小桥一过，茅店忽然出现在我眼前。

诗词赏析 •

　　从表面上看，这首词的内容不过是一些看起来极其平凡的景物，语言没有任何雕饰。然而，正是在看似平淡之中，有着词人潜心的构思，浓郁淳厚的感情。

　　《西江月·夜行黄沙道中》前两句"明月别枝惊鹊，清风半夜鸣蝉"，写的是风、月、蝉、鹊这些极其平常的景物，然而经过作者巧妙的组合，结果就显得不平常了。"惊鹊"和"鸣蝉"两句动中寓静，把半夜"清风""明月"下的景色描绘得令人神往。

接下来"稻花香里说丰年，听取蛙声一片"把人们的关注点从长空转移到田野，让人们由稻花香而联想到即将到来的丰年景象。稻花飘香的"香"，是在描绘稻花盛开，更是在表达词人心头的甜蜜之感。前四句就是单纯地抒写当时夏夜山道的景物和词人的感受，其核心是预示着丰收年景的夏夜。因此，与其说这是在写夏景，还不如说是写眼前夏景将给人们带来的幸福。

下阕开头，词人运用对仗手法，以加强稳定的音势。"七八个星天外，两三点雨山前"，在这里，"星"是寥落的疏星，"雨"是细细的阵雨，这些都是为了与上阕夜色的清幽、浓浓的乡土气息相吻合。特别是一个"天外"一个"山前"，本来是遥不可及的，作者笔锋一转，一过小桥，茅店的影子出乎意料地展现在人们的眼前。前文"路转"，后文"忽见"，既衬托出词人骤然间看到旧屋的欢欣，又表达了他由于沉浸在浓郁稻花香中而忘却了道路远近的悠然，恰到好处地体现了作者深厚的艺术功底，令人回味无穷。

扫码听故事，回答问题：

1. 二十三岁那年，辛弃疾率领多少人勇闯五万金军大营，捉回了叛徒？

2. 辛弃疾号稼轩，"稼轩"是什么意思？

过^①故人庄

[唐] 孟浩然

故人具^②鸡黍^③，邀我至田家。

绿树村边合^④，青山郭^⑤外斜。

开轩面场圃，把酒^⑥话桑麻^⑦。

待到重阳日，还来就菊花。

注释

①过：拜访。

②具：准备，置办。

③鸡黍：指农家待客的丰盛饭食。

④合：环绕。

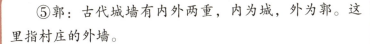

⑤郭：古代城墙有内外两重，内为城，外为郭。这里指村庄的外墙。

⑥把酒：端着酒具，指饮酒。把，拿起。

⑦话桑麻：闲谈农事。桑麻，桑树和麻，这里泛指庄稼。

 诗词讲解 ••••••••••••••••••••••••••

　　老朋友预备丰盛的饭菜，邀请我到他的田舍做客。翠绿的树林围绕着村落，苍青的山峦在城外横卧。我们推开窗户面对谷场菜园，手举酒杯闲谈庄稼情况。等到九九重阳节到来时，我要再来这里观赏菊花。

 诗词赏析 ••••••••••••••••••••••••••

　　这是一首田园诗，全诗用语平淡无奇，叙事自然流畅，没有渲染雕琢的痕迹，然而感情真挚、诗意醇厚，描写农家恬静闲适的生活情景，也写老朋友的情谊。本诗有"清水出芙蓉，天然去雕饰"的美学情趣，是自唐代以来田园诗中的佳作。

　　"故人具鸡黍，邀我至田家。"故人"邀"而作者"至"，大白话开门见山，简单而随便。而故人以"鸡黍"相邀，既显出田家特有风味，又见待客之简朴。"具"和"邀"说明此饭局主人早有准备，表明了故友的热情和两人之间的真挚情感。

　　"绿树村边合，青山郭外斜"运用了由近及远的顺序描写景物。这个村庄坐落平畴而又遥接青山，使人感到清淡幽

313

静而绝不冷傲孤僻。正是由于"故人庄"坐落在这样的自然环境中，所以宾主临窗举杯。

"开轩面场圃，把酒话桑麻"，上句描述的美景即入屋里来，"开轩"二字也似乎是很不经意地写入诗的，细微的动作表现出了主人的豪迈。"场圃"的空旷和"桑麻"的话题又给人以不拘束、舒展的感觉。此时，窗外群山环抱、绿树成荫，窗内主客推杯换盏。这两句和前两句结合，绿树、青山、村舍、场圃、桑麻和谐地构成一幅优美宁静的田园风景画，而宾主的欢笑声和关于桑麻的话语声，都仿佛轻轻萦绕在读者耳边。

"待到重阳日，还来就菊花。"诗人深深为美好惬意的农庄生活所吸引，于是临走告别时，率真地向主人表示将在秋高气爽的重阳节再来观赏菊花和品菊花酒。淡淡两句诗，淋漓尽致地写出了故人相待的热情，做客的愉快、主客之间的融洽和谐都跃然纸上了。

扫码听故事，回答问题：

1. 孟浩然不到二十岁的时候，就跑到哪里过起了隐居生活？

2. 孟浩然因为哪句诗得罪了唐玄宗？

七律·长征

毛泽东

红军不怕远征难，万水千山只等闲。

五岭①^{wēi}逶^{yí}迤腾细浪，乌蒙②^{páng}磅^{bó}礴走泥^{wán}丸。

金沙③水拍云崖④暖，大渡⑤桥横铁索寒。

更喜岷^{mín}山⑥千里雪，三军⑦过后尽开颜。

注释

①五岭：越城岭、都庞岭、萌渚岭、骑田岭、大庾岭的总称，位于湖南、江西、广东、广西四省区交界处。

②乌蒙：即乌蒙山，位于贵州、云南两省交界处。

③金沙：即金沙江，指长江上游自青海玉树至四川宜宾一段。

④云崖：高耸入云的山崖。

⑤大渡：即大渡河，位于四川中西部。

⑥岷山：位于四川、甘肃两省交界处。

⑦三军：这里指红军队伍。作者注："红军一方面军，二方面军，四方面军。"

 诗词讲解 •••••••••••••••••••••••••••••••

红军不怕万里长征路上的一切艰难困苦，把千山万水都看得极为平常。五岭山脉绵延不绝，可在红军眼里不过像翻腾着的细小波浪；乌蒙山高大雄伟，在红军眼里也不过像在脚下滚过的泥丸。

金沙江浊浪滔天，湍急的江水拍击着高耸的山崖，给人以温暖的感觉。大渡河上的泸定桥横跨东西两岸，那晃动着凌空高悬的根根铁索，寒意阵阵。更加令人欣喜的是千里岷山，皑皑白雪，红军翻越过去以后人人心情开朗，个个笑逐颜开。

 诗词赏析 •••••••••••••••••••••••••••••••

这首诗概括了红军长征的战斗历程，赞扬了中国工农红军英勇顽强的革命英雄主义和革命乐观主义精神。

"红军不怕远征难，万水千山只等闲。"这是全篇的中心思想，也是全诗的艺术基调。首联开门见山地赞美了红军英勇顽强、不怕困难的革命精神，"不怕"二字是全诗的诗眼，"只等闲"强化、重申了"不怕"。

颔联、颈联四句分别从山和水两方面写红军如何战胜重重困难，它是承上文"千山"和"万水"而来。诗人选取了四个具有典型意义的地理名称，高度地概括了红军长征途中的"万水千山"。"腾""走"两个动词使山化静为动，是红军精神的外显。

"更喜岷山千里雪，三军过后尽开颜"是对首联的回应。开端言"不怕"，结尾压"更喜"，强化了主题，升华了诗旨。红军翻岷山，进陕北，离胜利大会师已然不远，战略大转移的目的已基本实现，与前面的种种喜悦相比，它自然更胜一筹。"尽开颜"写三军的欢笑，这是最后胜利即将到来的欢笑，诗人以此作结，更使全诗的乐观主义精神得到了升华。

扫码听故事，回答问题：

1. 中央红军长征共经过了多少个省？
2. 诗中的"五岭"指哪五座山脉？

春日①

[宋]朱 熹

胜日②寻芳③泗水④滨，

无边光景⑤一时新。

等闲⑥识得东风⑦面，

万紫千红总是春。

注释

①春日：春天。

②胜日：天气晴朗的好日子。

③寻芳：游春，踏青。

④泗水：河名，在今山东省。

⑤光景：风光景物。

⑥等闲：随意。

⑦东风：春风。

 诗词讲解 ·······························

　　风和日丽，我在泗水之滨游览春景，无边无际的风光焕然一新。谁都可以轻易看出春天的面貌，因为春风吹得百花开放、万紫千红，到处都是春景。

 诗词赏析 ·······························

　　此诗表面上是一首写景诗，描绘了春日美好的景致，实际上是一首哲理诗，表达了诗人于乱世中追求圣人之道的美好愿望。全诗寓理趣于形象之中，构思运笔堪称精妙。

　　首句"胜日寻芳泗水滨"："胜日"，点明天气，指晴日；"泗水滨"说明地点；"寻芳"，点明主题。一句中分三层叙说，特别是以"泗水滨"结穴，是作者有意安排。"寻"字不仅写出作者逸兴，也给诗歌添了不少情趣。

　　次句"无边光景一时新"，用"无边"形容视线所及的全部风光景物。"一时新"既写出春回大地，自然景物焕然一新，也写出了作者郊游时耳目一新的欣喜感觉。

　　后两句用形象的语言，具体描绘了光景之新，抒写了寻芳所得。"等闲识得东风面"中的"识"字承首句中的"寻"字。"等闲识得"是说春天的面容与特征是很容易辨认的。"东风面",把春风、春景形象化了,拟人化了,把"识"字落到了实处。

末句"万紫千红总是春",是说这万紫千红的景象全是由春光点染而成的。这就具体解答了为什么能"等闲识得东风面"。而此句的"万紫千红"近承"东风面",远承"无边光景",是对偶修辞,意象色彩强烈。诗以"总是春"收官,都落到"春日"上。

从字面上看,这首诗好像是写游春观感,但诗人寻芳的地点是泗水之滨,而此地在宋室南渡时早被金人侵占。朱熹未曾北上,当然不可能在泗水之滨游春吟赏。其实诗中的"泗水"暗指孔门,因为春秋时期孔子曾在洙、泗之间弦歌讲学,教授弟子。因此所谓"寻芳"即是指求圣人之道。"无边光景"所示空间极其广大,就透露了诗人膜求圣道的本意。"东风"暗喻教化,"万紫千红"喻孔学的丰富多彩。诗人将圣人之道比作催发生机、点燃万物的春风。所以说这其实是一首寓理趣于形象之中的哲理诗。

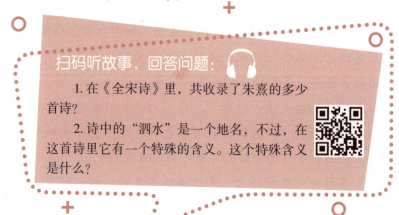

扫码听故事,回答问题:

1. 在《全宋诗》里,共收录了朱熹的多少首诗?

2. 诗中的"泗水"是一个地名,不过,在这首诗里它有一个特殊的含义。这个特殊含义是什么?

回乡偶书①

[唐] 贺知章

少小离家老大②回，

乡音③无改鬓毛④衰⑤。

儿童相见⑥不相识，

笑问客从何处来。

注释

①偶书：随便写的诗。

②老大：年纪大了。贺知章回乡时已年逾八十。

③乡音：家乡的口音。

④鬓毛：额角边靠近耳朵的头发。

⑤鬓毛衰：指鬓毛减少，疏落。衰，减少，疏落。

⑥相见：即看见我。

诗词讲解 •

　　我年少时离开家乡老年才回家，乡音虽然没有改变，但鬓角的毛发已经疏落。家乡的儿童们看见我，没有一个认识我。他们笑着询问我："你这客人是从哪里来的呀？"

 诗词赏析 •

　　这是一首久客异乡、缅怀故里的感怀诗，抒写久客伤老之情。"少小离家老大回"，诗一开始就紧扣题目，点明诗人离家与回乡相距年岁之久，其中已蕴藏着很深的感慨。这感慨在诗人同题第二首诗中即有明白的描写："离别家乡岁月多，近来人事半销磨。唯有门前镜湖水，春风不改旧时波。"山河依旧，人事消磨，诗人将自然的永恒与人生的多变做了鲜明的对照，是明写。而这种感慨在"少小离家老大回"中是隐含，表现手法不同，艺术效果也不同。

　　第二句"乡音无改鬓毛衰"用的也是对比法，但不是自然与

人生的对比，而是语言与鬓发的对比。语言习惯一经形成，即便经历岁月磨砺也难以更改。"乡音无改"是故乡在诗人身上打下的永远抹不掉的烙印，所以弥足珍贵；"鬓毛衰"本是离乡数十年来宦游奔波的

必然结果，幸而叶落归根，在垂暮之年，诗人终于返回朝思暮想的故乡，因而倍觉幸运。诗人这时的感情是悲喜交集，感慨与激动参半。

第三、第四句从充满感慨的一幅自画像，转为富有戏剧性的儿童笑问的场面。"笑问客从何处来"，在儿童，这只是淡淡的一问；在诗人，却成了重重的一击，引出了他的无穷感慨。诗人心中的悲与喜都包含在这看似平淡的一问中了。全诗就在这有问无答处悄然作结，弦外之音如空谷传响。

纵观全诗，第一、第二句尚属平平，第三、第四句却似峰回路转，别有境界。诗人虽写哀情，却借欢乐场面表现；虽为写己，却从儿童一面翻出。而其所写儿童问话的场面又极富生活的情趣，即使读者不为诗人久客伤老之情感染，也不能不被这一饶有趣味的生活场景打动。

扫码听故事，回答问题：

1. 贺知章和李白有着怎样的典故流传？
2. 李白是"诗仙"，杜甫是"诗圣"，人们称贺知章为什么？

浪淘沙①（其一）

[唐] 刘禹锡

九曲②黄河万里沙③，

浪淘风簸^{bǒ}④自天涯⑤。

如今直上银河去，

同到牵牛织女家。

注释

①浪淘沙：唐代曲名。

②九曲：自古相传黄河有九道弯。形容黄河弯弯曲曲的地方很多。

③万里沙：黄河在流经各地时挟带大量泥沙。

④簸：颠簸。

⑤自天涯：来自天边。

诗词讲解 •

　　弯弯曲曲的万里黄河挟带着大量的泥沙，波涛滚滚如巨风掀簸来自天边。现在可以沿着黄河直上银河去，我们一起去寻访牛郎织女的家。

诗词赏析 •

　　这首绝句用淘金者的口吻，表达了他们对美好生活的向往。同是在河边生活，牛郎织女生活的天河恬静而优美，黄河边的淘金者却整天在风浪泥沙中奔波。直上银河，同访牛郎织女，寄托了淘金者心底对宁静的田园牧歌生活的憧憬。这种富有浪漫气息的理想，被淘金者用非常豪迈的语气倾吐出来，含有一种别样的朴素之美。

　　"九曲黄河万里沙，浪淘风簸自天涯。"这两句诗的意思是：弯弯曲曲的黄河之中有无数的沙砾，它们随同滚滚黄河流经万里，经受了浪涛的冲洗和狂风的簸荡，从天涯一直来到了这里。诗人歌颂九曲黄河中的万里黄沙，赞扬它们乘风破浪、一往无前的顽强性格。

　　"如今直上银河去，同到牵牛织女家。"诗人借用了张骞为武帝寻找河源和牛郎织女相隔银河的典故，为全诗增添了一层奇妙的神话色彩。诗人大胆想象，表示要迎着狂风巨浪，顶着万里黄沙，逆流而上，直接寻访牵牛织女家，体现了诗人豪迈的气概。

刘禹锡写诗常借物抒情言志，这首诗用夸张等写作手法抒发了诗人的浪漫主义情怀，气势大起大落，有一种磅礴壮阔的雄浑之美。

扫码听故事，回答问题：

1. 被称为"诗豪"的诗人是谁？
2. 刘禹锡的《浪淘沙》组诗共几首？

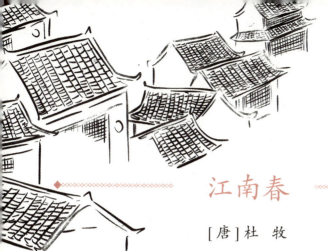

江南春

[唐]杜 牧

千 里 莺 啼 绿 映 红,

水 村 山 郭^{guō}① 酒 旗② 风 。

南 朝③ 四 百 八 十 寺④,

多 少 楼 台⑤ 烟 雨 中 。

注释

①山郭:山城,山村。

②酒旗:酒招子,酒馆外悬挂的旗子之类的标识。

③南朝(420—589):南朝先后建都于建康(今江苏南京)的宋、齐、梁、陈四个朝代的总称。

④四百八十寺:南朝皇帝和大官僚好佛,在京城(今南京市)大建佛寺。这里说"四百八十"是虚指,形容寺院很多。

⑤楼台:楼阁亭台。此处指寺院建筑。

诗词讲解 ••••••••••••••••••••••

　　辽阔的江南到处莺歌燕舞、桃红柳绿，一派春意盎然的景象，在临水的村庄、依山的城郭，到处都有迎风招展的酒旗。南朝遗留下的四百八十多座古寺，如今有多少笼罩在这朦胧的烟雨之中。

 诗词赏析 ••••••••••••••••••••••

　　《江南春》这首古诗，历来享有盛誉。整首诗以轻快的文字、概括性的语言描绘了一幅生动形象、丰富多彩而又有气魄的江南春画卷。诗人既写出了江南春景的丰富多彩，也写出了它的广阔、深邃和迷离。

　　"千里莺啼绿映红"，诗人开拓视野，由眼前所见春景进而想象到整个江南大地。千里江南，到处莺歌燕舞，桃红柳绿，一派春意盎然的美丽景象。在写作上，把"红花"与"绿叶"搭配，诗人运用了映衬的手法，并用一个"映"字，从视觉角度突出了"江南春"万紫千红的景象。同时，诗人也从声音的角度，通过听觉，表现出江南春天莺歌燕舞的热闹场面。

　　诗句"水村山郭酒旗风"运用了列锦的修辞手法，诗人把进入眼帘的物象——水村、山郭、酒旗，巧妙地排列在一起，构成生动可感的图像。一个"风"字，不但增添了诗歌的动态感，而且更好地突出了"酒旗"，增添了诗歌的人文气息和文化底蕴。

　　"南朝四百八十寺"，诗人把视线集中在"寺庙"上，把想象空间拉大，思绪回溯到"南朝"，这样，给诗歌增添了悠远的历史色彩，而且提升了诗歌的审美境界。同时，诗人用"寺"代指佛教，并用"四百八十"这个虚数来修饰，不但使诗歌富于形象感，也照应着首句中的"千里"，更为重要的是表现了南朝佛教盛行的状况，并为后面结句中的抒情奠定基础。

"多少楼台烟雨中"。诗人不用"寺"，而改换成了"楼台"，这不仅是为了避免用词重复，更主要的是为了适应"烟雨"这样的环境。在这里，诗人通过虚实结合进行描写，思绪由眼前而历史，内心无比感慨：历史总是不断发展变化的，朝代的更替也是必然的。

这首诗四句均为景语，一句一景，各具特色。这里有声音、色彩，有空间上的拓展，有时间上的追溯。在寥寥的二十八个字中，诗人以极具概括性的语言描绘了一幅生动形象而又有气魄的江南春画卷，给人美的享受和思的启迪。

扫码听故事，回答问题：

1. 杜牧和杜甫是什么关系？
2. 南朝是哪四个朝代的总称？

书湖阴先生①壁

[宋] 王安石

茅檐②长扫净无苔③，

花木成畦④手自栽。

一水护田将绿绕，

两山排闼⑤送青来。

注释

①湖阴先生：杨骥（字德逢）的别号。杨骥是王安石退居江宁（今江苏南京）时的邻居。

②茅檐：茅屋檐下，这里指庭院。

③苔：青苔。

④畦：这里指种有花木的一块块排列整齐的土地，周围有土埂围着。

⑤排闼：推开门。闼，小门。

诗词讲解

　　茅草房庭院经常被人打扫，洁净如新，没有一丝青苔。花草树木成行成垄，都是主人亲手栽种。院子外面一条小河保护着农田，将绿油油的禾苗紧紧环绕，两座青山推开大门为人们送来绿色。

 诗词赏析

　　这首诗是题写在湖阴先生杨德逢家屋壁上的。诗的前两句写杨家庭院之景，先写庭院的洁净，后写庭院的秀美；后两句则写杨家周围的自然环境。

　　首先，本诗熔写景、写人于一炉。在前两句中，读者可以看到一个人品高洁、富于生活情趣的湖阴先生。所居仅为"茅檐"，他不仅"扫"，而且"长扫"（即常扫），以至"净无苔"；"花木成畦"，非赖他人，而是"手自栽"。由此可见他清静脱俗，朴实勤劳。后面两句写自然环境之美，水"将绿绕"，山"送青来"，自然山水如此有情，也表现了主人爱好山水的情趣。诗人描写景物亦以表现人，写景见人，人于景中，表现了客观景物的美，又写出了人的美，颇有一箭双雕的感觉。

　　其次，本诗运用映衬和拟人手法。如果说庭院的美是人工创造的，那么环境的美是天然而成。两者互相映衬，组成了内与外、人造美与天然美结合的完美境界。特别是最后一句，把山水拟人化，青山为先生送来秀丽的风光，居然闯门而入，把先生对自然景物的爱和自然景物对先生的爱融合在一起，生动地表现了先生爱美的情趣，因而成了为人传诵的名句。

诗人想象山水有情，和湖阴先生早已缔结了深厚的交谊。诗以"书湖阴先生壁"为题，处处关合，处处照应，由此也可见出诗人思维绵密。

扫码听故事，回答问题：

1."唐宋八大家"分别是谁?
2.王安石号半山，你知道这个号的由来吗?

六年级 · 下

寒食①

[唐] 韩翃

春城②无处不飞花，

寒食东风御柳③斜。

日暮汉宫④传蜡烛⑤，

轻烟散入五侯⑥家。

注释

①寒食：寒食节，通常在冬至后的第105天，过去在节日期间不能生火做饭。

②春城：指春天的京城。

③御柳：皇城里的柳树。

④汉宫：这里用汉代皇宫来借指唐代皇宫。

⑤传蜡烛：指宫中传赐新火。

⑥五侯：汉成帝时，封王太后的五个兄弟王谭、王商、王立、王根、王逢时皆为侯，受到特别的恩宠。这里泛指权贵豪门。

 诗词讲解 •••••••••••••••••••••••••••

　　春暮的长安城中，热闹繁华，花瓣到处飘飞；寒食节日，东风吹拂着皇城中的柳枝轻舞飞扬。傍晚汉宫传送蜡烛赏赐王侯近臣，袅袅的轻烟飘散到天子宠臣的家中。

 诗人简介 •••••••••••••••••••••••••••

　　韩翃（生卒年不详），唐诗人。字君平，南阳（今河南南阳）人，是"大历十才子"之一。

　　韩翃天宝十三载（754）考中进士，宝应年间在淄青节度使侯希逸幕府中任从事，后随侯希逸回朝，闲居长安十年。建中年间，他因作《寒食》诗被唐德宗赏识，被提拔为中书舍人。

　　韩翃诗笔法轻巧，写景别致，在当时传诵很广。诗多写送别唱和题材，如《韩君平诗集》。《全唐诗》录存其诗三卷。

诗词赏析

"春城无处不飞花，寒食东风御柳斜。"诗人站得高望得远，将全城美景尽收眼中。诗人把春日的长安称为"春城"，造语新颖，富于美感，让人联想到无限美好的景观。"无处不飞花"，诗人抓住典型画面，用双重否定表示肯定，进而写出整个长安柳絮飞舞、落红无数的迷人春景。诗人不说"处处飞花"就因为那只流于一般性的概括，而说"无处不飞花"，有效地烘托了春之盛况。"飞"字不仅写出了强烈的动态，有助于表现春天的勃勃生机，还说明了诗人在描写时序时措辞精准。"飞花"即花瓣纷纷飘落，点明暮春季节。一个"飞"字，寓意深远。这首诗之所以能流传千古，主要得益于这脍炙人口的佳句"春城无处不飞花"，而"飞"字正是此佳句之精华。

"寒食东风御柳斜"，春风轻拂，御苑中的垂柳枝条也随风飘动起来了。"斜"字间接地写出了风的存在。风是无形无影的，只能由花之飞、柳之斜来间接感知。

"日暮汉宫传蜡烛，轻烟散入五侯家。"前两句诗写的是白天的景致，而这后两句是写夜晚，暗含讽喻之意。"日暮"就是傍晚。"汉宫"是借古讽今，实指唐朝的皇宫。"五侯"一般指东汉时同日封侯的五个外戚，这里借汉喻唐，暗指中唐以来受皇帝宠幸、专权跋扈的外戚。"传"与"散"生动地画出了一幅夜晚走马传烛图，使人如见蜡烛之光，如闻轻烟之味，恍如亲历其境。这两句是说寒食节这天家家都不能生火点灯，皇宫却例外，天还没黑，宫里就忙着分送蜡烛，除了皇宫，受宠的宦者也得到皇帝特赐的火烛，享有特权。诗人对这种腐败的现象进行了委婉的讽刺。

扫码听故事，回答问题：

　　1.你知道古代"寒食节"的由来吗？
　　2.唐朝德宗时期，国家有三个七天的假期。你知道是哪三个吗？

迢迢牵牛星①

迢迢牵牛星，皎皎河汉女②。
纤纤擢③素手④，札札⑤弄机杼⑥。
终日不成章⑦，泣涕零如雨⑧。
河汉清且浅，相去复几许。
盈盈⑨一水间，脉脉⑩不得语。

注释

①选自《古诗十九首》。作者不详，写作时代大约在东汉末年。

②河汉女：指织女星。河汉即银河。

③擢：伸出。

④素手：洁白的手。素，白皙。

341

⑤札札：象声词，织机发出的响声。

⑥机杼：织机。杼，梭子。

⑦章：花纹。

⑧泣涕零如雨：眼泪像雨似的往下落。零，落下。

⑨盈盈：清澈的样子。

⑩脉脉：相视无言的样子。

 诗词讲解

　　那遥远而亮洁的牵牛星，那皎洁而遥远的织女星。织女正摆动柔长洁白的双手，织布机札札地响个不停。她因为相思一整天也没织成一段布，哭泣的泪水如同下雨般流落。这银河看起来又清又浅，两岸相隔又有多远呢？牛郎和织女虽相隔在清清浅浅的银河两边，但也只能含情脉脉地相视无言。

 诗词出处简介

　　《迢迢牵牛星》选自南朝梁萧统所编《文选》收录的《古诗十九首》。本诗是《古诗十九首》之一，本来没有题目，后人用诗的首句为题。

诗词赏析

《迢迢牵牛星》是汉代的一首文人五言诗，是《古诗十九首》中的一首诗，是诗人在一个秋夜就眼前的景物即兴创作的作品。这首诗借神话传说中牛郎、织女位于银河两侧不得会面的悲剧，抒发了女子离别相思之情，写出了一对恩爱夫妻不得团聚的悲哀，充满浓厚的浪漫气息。细细品味，其字里行间蕴藏着一定的不满和抗争意识。

诗的题目为《迢迢牵牛星》，但本诗的主人公并不是牛郎而是织女。织女的形象源于民间传说，在人们的心目中，她是善良、勤劳、美丽、多情的化身。这首诗重点刻画的是织女哀伤不幸的一面。

诗文起始处，由牵牛星引出河汉女，"纤纤擢素手，札札弄机杼"并不是本诗叙写的重点，只是引出织女织布的场面。"终日不成章，泣涕零如雨"句承上启下进行过渡，将孤独、哀怨、痛苦、不幸的织女一下子推到了读者面前。她与她日夜思念的牛郎因隔着天河而不能相见，天河水清且浅，两岸相距并不遥远，却无人给他们搭上一座小桥让二人相会，织女只能默默凝视牛郎，欲语还休，泪目盈盈，柔肠寸断。这真是"凄凄惨惨戚戚"，让读者感慨哀叹，唏嘘不已。

诗人抓住银河、机杼这些和牛郎织女神话相关的物象，将织女有情思亲、无心织布，隔河落泪、对水兴叹的状态刻画得入木三分，以此来比喻人间的离妇对辞亲远游的丈夫的相思之情。特别是后两句，一个饱含离愁的少妇形象跃然纸上，意蕴深沉，是极难得的传世佳句。叠词的使用使这首诗质朴、清丽、情趣盎然。

全诗想象丰富，感情缠绵，用语婉丽，境界奇特，是相思怀远诗中的新格调。

扫码听故事，回答问题：

1.你知道"七夕节"是哪一天吗？

2.牛郎和织女成为夫妇的故事，在文学创作中最初源于哪里？

十五夜①望月

[唐] 王 建

中庭②地白③树栖④鸦，

冷露无声湿桂花。

今夜月明人尽望，

不知秋思⑤落谁家。

注释

①十五夜：指农历八月十五中秋节的夜晚。

②中庭：即庭中，庭院中。

③地白：指月光照在庭院的地上的样子。

④栖：歇，休息。

⑤秋思：秋天的情思，这里指怀念亲人的思绪。

诗词讲解 •

　　皎洁的月光照射在庭院中，地面好像铺上了一层霜雪那样白，乌鸦栖息在树枝上。夜深了，清冷的秋露悄悄地打湿庭院中的桂花。人们都在举头仰望中秋的明月，不知那秋天的思念之情又会落到谁家呢？

 诗人简介 •

　　王建（约767—约830），唐诗人。字仲初，许州（今河南许昌）人。

　　他出身寒微，一生潦倒，一度从军，直到四十六岁才开始做官，曾任昭应丞、渭南尉等职务，都是一些小官。后来他出任陕州司马，世称王司马。他和张籍关系非常好，所写的乐府诗与张籍的齐名，世称"张王乐府"。

 诗词赏析 •

　　"中庭地白树栖鸦，冷露无声湿桂花。"诗的前两句用"地白""栖鸦""冷露"等意象给人描绘了一幅中秋望月图，让人沉浸在空明洁净、凄清寥落的气氛中，同时也表现出作者孤独寂寞、怅然若失的心情。诗人写中庭月色，只用"地白"二字，却给人以空明洁净、清美寂静之感。"树栖鸦"是为了押韵而使用的倒装，树上的乌鸦已经安静歇息，暗示夜已经深了，周围一片寂静。这三个字，朴实、凝练，既写了鸦鹊栖树的样子，又营造出一种月圆人缺、寂静思忆的意境。这里，作者运用语言描绘中秋望月的特定环境气氛，把要表达的思聚之念自然而然地流露出来。

　　秋浓、夜深、露重，甚至连盛放的桂花也被润湿了。"冷"字是诗人从触觉的角度来写的。但他不是为写景而写景，而是用比兴的手法，衬托自己孤寂的心境。诗人在万籁俱寂的深夜，仰望明月，凝思入神，丝丝寒意轻轻袭来，不觉浮想联翩：那广寒宫中，清凉的露珠一定也沾湿了桂花树吧？

　　皓月当空，难道只有诗人独自在那里凝神遐思吗？普天之下又有多少人在望月思亲？"今夜月明人尽望，不知秋思落谁家。"人们都在望着今夜的明月，尽情享受这团圆之乐，这秋夜的愁思究竟会落到哪户人家呢？哪家有人外出，哪个游子背井离乡，那么思念之情就会像秋露一样，更浓更重地落在这户人家、这位游子身上。而诗人自己也正是这其中的一个。诗人怅然于家人离散，他的"秋思"必然是最浓挚的，但他不是正面写自己的思亲之愁，而是用一种疑问式的委婉语气追问那秋思会落在谁家，这就将诗人对月怀远的情思表现得蕴藉深沉。"落"字新颖妥帖，不同凡响，给人以形象的动感，仿佛思念随着银月的清辉一起洒落人间。

　　整首诗以写景起，以抒情结，想象丰美，韵味无穷。诗人渲染了中秋望月的特定的环境气氛，把读者带进一个月明人远、思深情长的意境，不局限于自身的感伤，而是由己及人，推想人们共同的情绪，让诗具有更广泛的意义。

扫码听故事，回答问题：

1. 你知道中秋节还有多少个名字吗？
2. 你知道这首诗是诗人写给谁的吗？

长歌行①

汉乐府

青青园中葵②，朝露待日晞③。
阳春布④德泽⑤，万物生光辉。
常恐秋节⑥至，焜黄⑦华叶衰。
百川东到海，何时复西归？
少壮不努力，老大徒伤悲！

注释

①长歌行：汉乐府曲调名。

②葵：冬葵，我国古代重要蔬菜之一，可入药。

③晞：天亮，引申为阳光照耀。

④布：布施，给予。

⑤德泽：恩惠。

⑥秋节：秋季。

⑦焜黄：形容草木凋落枯黄的样子。

诗词讲解

早晨，园中碧绿的葵菜上落满了晶莹的朝露，在静静地等待着阳光把它晒干。温暖的春天把幸福的希望洒满了大地，所有生物因此呈现出一派繁荣生机。

我常常担心肃杀的秋天来到，草木凋落枯黄。千万条大河奔腾着向东流入大海，什么时候才能再向西流回来？

如果年轻力壮的时候不知道发愤图强，到了老年头发花白，一事无成，悲伤也没用。

诗词赏析

这是一首咏叹人生的诗歌。这首诗借物言理，首先以园中的葵菜做比喻。在整个春天的阳光雨露之下，万物都在用力地长，使劲地长，因为它们都深知秋风凋零百草的道理，恐怕秋天很快到来。大自然如此，人生也是这样。一个人如果不趁着大好时光努力奋斗，让青春白白地浪费，等到年老时后悔也来不及了。

诗人用"常恐秋节至"表达对"青春"稍纵即逝的珍惜，其中一个"恐"字，表现出人们对自然规律的无可奈何。接着诗人又从时序的更替联想到宇宙的无尽时间和无限空间。时光就如同向东奔流的江河，一去不复返。在这永恒的自然面前，人生仿佛是叶上的朝露一见太阳就会被晒干，像青青葵叶，一遇秋风就会枯黄凋谢。

"少壮不努力，老大徒伤悲！"自然界的万物都有一个春华秋实的过程，人生也是一个少年努力、老有所成的过程；自然界的植物在春天沐浴阳光雨露，秋天自能结出果实，人却不同，没有自身努力是不能成功的。自然万物虽然会经秋变衰，但实现了生命的价值，因而不足伤悲；人则不然，因"少壮不努力"而老无所成，岂不等于在世间白白走这一遭？

句末的"徒"字意味深长：一是说老大无成，人生等于虚度了；二是说老年时才醒悟将于事无补，意在强调必须趁年少，趁着人生的大好时光，及时努力。诗人出言警策，催人奋起。

这首诗避免了容易引人生厌的人生说教，引导读者自己思考。诗最后的警句既深沉含蓄又如洪钟长鸣一般，深深地打动了读者的心。

扫码听故事，回答问题：

    1. 郭茂倩是这首诗的作者吗？

    2.《乐府诗集》全书共多少卷？分了多少类？

马 诗

[唐]李 贺

大漠①沙如雪，

燕山②月似钩③。

何当④金络脑⑤，

快走踏⑥清秋⑦。

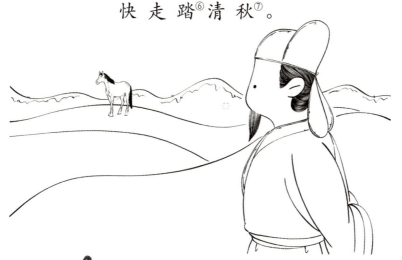

注释 ✏️

①大漠：广阔的沙漠。

②燕山：一说指燕然山，这里借指边塞。

③钩：古代的一种兵器，形似月牙。

④何当：何时将要。

⑤金络脑：即金络头，用黄金装饰的马笼头。

⑥踏：走，跑。此处有"奔驰"之意。

⑦清秋：清朗的秋天。

六年级·下

诗词讲解

广阔的大漠，沙白如雪，燕山月亮初上，弯如金钩。我什么时候才能给战马配上威武的金制鞍具，在秋高气爽的疆场上驰骋，建立功勋呢？

诗人简介

李贺（790—816），唐浪漫主义诗人。字长吉，是"长吉体诗歌开创者"，福昌（今河南宜阳）人。

他的诗作想象力极为丰富，经常应用神话传说来托古寓今，后人常称他为"鬼才""诗鬼"，创作的诗文为"鬼仙之辞"，与李白、李商隐被称为"唐代三李"。他与"诗圣"杜甫、"诗仙"李白、"诗佛"王维等唐代著名诗人齐名，是中唐到晚唐诗风转变期的一个代表者。

李贺所写的诗大多是慨叹生不逢时和内心苦闷，抒发对理想、抱负的追求；对当时藩镇割据、宦官专权和人民所受的残酷剥削都有所反映。李贺留下了"黑云压城城欲摧""雄鸡一声天下白""天若有情天亦老"等千古佳句，有《雁门太守行》《李凭箜篌引》等名篇，著有《昌谷集》。

诗词赏析

《马诗》是一首咏物诗。这首诗名为咏马，实际上是借物抒怀，抒发诗人自己怀才不遇的感叹和愤慨，展现建功立业的抱负和愿望。

第一、第二句写景，通过对边塞环境的渲染，为后面的抒情感慨做铺垫，从一个富有特征性的景色写起以引出抒情内容。就形式而言，前两句对仗工整，读起来颇为顺畅。"沙如雪""月似钩"的比喻生动形象。这两句展现出一片富于悲凉肃杀特色的边疆战场景色，这景色对志在报国的将士有着异乎寻常的吸引力。"钩"是一种弯刀，一种武器。诗人从明晃晃的月牙联想到武器的形象，也就含有思战的意思。李贺生活的时代，藩镇割据，战事频频，而"燕山"暗示的幽州蓟门一带又是藩镇肆虐最久、为祸最烈的地带，所以平沙如雪的疆场虽然寒气凛凛，但也正是英雄用武之地。

第三、第四句抒情，以"何当"领起做设问，强烈传达出诗人驰骋疆场、保家卫国的无限企盼。而"踏清秋"三字，词语搭配新奇，"清秋"草黄马肥，正好驰驱，冠以"快走"二字，形象暗示出骏马轻捷矫健的风姿。"金络脑"是贵重的马具，象征马受重用。显然这是作者热望建功立业而又不被赏识所发出的嘶鸣。

这首诗中，诗人以名马自喻，在其短暂的一生中，一直渴望为国建功立业，为此，他甚至宁愿投笔从戎。但这一远大抱负、这一伟大理想终难实现，所以他的诗中总会有一股怀才不遇的愤慨之情。

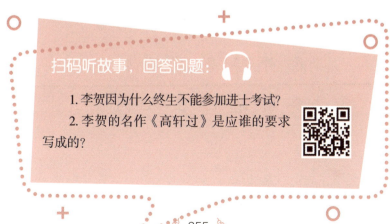

扫码听故事，回答问题：

1.李贺因为什么终生不能参加进士考试？

2.李贺的名作《高轩过》是应谁的要求写成的？

石灰吟

[明] 于 谦

千锤万凿出深山，

烈火焚烧若等闲①。

粉骨碎身浑②不怕，

要留清白③在人间④。

注释

①若等闲：好像很平常的事情。若，好像，好似。等闲，平常。

②浑：全，全然。

③清白：石灰洁白的本色，指高尚的节操。

④人间：人世间。

 诗词讲解

经过千锤万凿从深山里开采出来的石头，它把熊熊烈火的焚烧当作很平常的一件事。即使粉身碎骨它也毫不惧怕，只要把高尚的节操留在人世间。

诗人简介

于谦（1398—1457），明名臣、民族英雄。字廷益，号节庵，官至少保，世称于少保，浙江钱塘（今浙江杭州钱塘）人。

于谦因参与平定汉王朱高煦谋反有功，得到明宣宗器重，担任明朝山西河南巡抚。明英宗时期，他因得罪王振下狱，后被释放，起任。土木之变后英宗被俘，郕王朱祁钰监国，提拔他为兵部尚书。于谦力排南迁之议，决策守京师，和各位大臣请郕王即位。瓦剌兵临京师，于谦率军民迎战，打退了敌人，论功加封少保，总督军务，最终迫使敌人遣使议和，使英宗得以归朝。天顺元年于谦因"谋逆罪"被冤杀，谥曰忠肃，有《于忠肃集》。因都葬于西湖旁边，于谦与岳飞、张煌言并称"西湖三杰"。

诗词赏析 •••••••••••••••••••••••

　　这首《石灰吟》可以说是于谦生平和人格的真实写照。这是一首托物言志诗。作者以石灰自喻，表达自己为国尽忠、不怕牺牲的意愿和坚守高洁情操的决心。这首咏物诗的妙处就在于作者处处以石灰自喻，石灰被作者赋予深意，作者咏石灰即是咏自己磊落的襟怀和崇高的人格。

　　首句"千锤万凿出深山"是描写开采石灰石很不容易。要经过石匠们的"千锤万凿"，整块岩石才能被凿开击碎，然后被运出险峻陡峭的深山。

　　"烈火焚烧若等闲"指的是煅烧石灰石。石灰石要用湿度高达九百多摄氏度的"烈火"才能被煅烧成坚硬的生石灰。熊熊烈火的焚烧加"若等闲"三字，诗人运用拟人的手法，使人感到这不仅是在写烧炼石灰石，更是在表明有着高尚节操的人无论面临怎样严峻的考验，都从容不迫，视若平常小事。

　　"粉骨碎身浑不怕。""粉骨碎身"一词极形象地写出将石灰石烧成石灰粉的过程，而"浑不怕"三字表达不怕牺牲的精神。"要留清白在人间"则是作者在直接抒发情怀，立志要做清清白白、具有高尚节操的人。这两句借石灰之口一语双关，表达出诗人不怕牺牲的精神和高尚的情操。

　　这首诗采用写实的手法，生动形象地描述了石灰从被开采到被煅烧再到成为生石灰的过程。石灰由"千锤万凿"到"烈火焚烧"，再到"粉骨碎身"，最终留下"清白"，仿佛一位奋斗者历尽艰辛，终于实现理想，达到了一种完美的境界。

扫码听故事，回答问题：

　　1. 传说中《石灰吟》这首诗是于谦多少岁时创作的？

　　2. "两袖清风"用来形容为人清廉、正直的美好品行。这个成语和于谦有什么关系？

竹 石

[清] 郑 燮

咬定①青山不放松，

立根②原在破岩③中。

千磨万击④还坚劲⑤，

任⑥尔⑦东西南北风。

注释

①咬定：咬紧。

②立根：扎根。

③破岩：裂开的山岩，即岩石的缝隙。

④千磨万击：指无数的磨难和打击。

⑤坚劲：坚强有力。

⑥任：任凭，无论。

⑦尔：你。

 诗词讲解

  竹子紧紧地抓住青山一点儿也不放松，它的根牢牢地扎在岩石缝中。即使经历成千上万次的折磨和打击，不管是东风、西风，还是南风、北风，它都经受得住，仍然坚韧挺拔，顽强地生存着。

诗人简介

  郑燮（1693—1765），清著名画家、书法家。字克柔，号板桥，江苏兴化（今江苏兴化）人，也是历史上著名的"扬州八怪"之一。人们称赞他的艺术创作为"诗、书、画三绝"。他擅画兰竹，其中画竹五十余年，成就最为突出。

  郑板桥幼年家贫，丧母，赖乳母教养，并随其父学画，早年便在扬州以卖画为生，后由朋友资助，才得到读书机会，并参加科举成为康熙秀才、雍正举人、乾隆进士。做官期间，郑板桥鞭挞奸吏，力争赈济，后被诬告罢官。他著有《板桥全集》。

诗词赏析 •••••••••••••••••••••••••••••••

  自宋代以来，竹被誉为梅、兰、竹、菊"四君子"之一。它虚心而刚直，挺拔而常青，历来被人们看作高洁、正直、坚韧、顽强的象征。郑板桥喜爱画竹，是因为竹最能体现他的性格特征和人生志向。

  这是一首赞美岩竹的题画诗，也是一首咏物诗。这首诗的语言简易明快，具体生动地描述了生在恶劣环境下，长在危难中的竹子，坚忍不拔、坚定乐观的高尚品格。竹子的崇高品格也正是诗人一生的追求，是诗人一生的写照。

  "咬定青山不放松，立根原在破岩中"写竹子扎根坚实的岩石。它不是生长在庭院窗下，而是生长在高山岩缝之中。"咬定"二字，把岩竹拟人化，传达出它顽强的生命力，"青山"赋予它高大挺拔的形象，"破岩"写出它扎根的艰难和顽强。这里既是写实，也暗喻人的坚定立场。

  后两句进一步写岩竹的品格，竹子在破碎的岩石中扎根，经受风吹雨打，但它就是"咬定青山不放松"。它经过了无数次的磨难，从来不畏惧来自东西南北的狂风的击打。一个"咬"字，写出了竹子在狂风击打中依然挺拔的身姿，写出了竹子顽强的生命力和坚定的信念。一个"任"字，又写出了竹子无所畏惧、积极乐观的精神风貌。本诗充分表现了竹子面对恶劣的环境，面对困难的境遇时坚韧不拔、顽强不屈的精神，表现了诗人对当时黑暗、污秽的社会永不妥协的斗争意志和刚正不阿的高尚情操。

这首诗虽然语言通俗但意义深刻，感情真挚。诗表面是写竹，实际上是写人，写诗人那种刚正不阿、坚强不屈的性格，写诗人决不向任何邪恶势力低头的高风傲骨。同时，这首诗也能给我们以生命的感动和启发，在曲折恶劣的环境中，我们要面对现实、战胜困难，像在石缝中扎根的竹子一样刚强勇敢。

扫码听故事，回答问题：

1. 郑板桥是一位大画家，但一生只画三样东西，这三样东西是什么？
2. 郑板桥因为什么获罪被罢官？

采薇① (节选)

昔②我往③矣，杨柳依依④。

今我来思⑤，雨雪⑥霏霏⑦。

行道迟迟⑧，载⑨渴载饥。

我心伤悲，莫⑩知我哀！

注释

①选自《诗经·小雅》。薇，植物名。

②昔：从前，文中指出征时。

③往：指当初去从军。

④依依：形容柳丝轻轻随风摇曳的样子。

⑤思：句末语气词，没有实在意义。

⑥雨雪：指下雪。雨，这里读 yù。

⑦霏霏：雪下得很大的样子。

⑧迟迟：迟缓的样子。

⑨载：又。

⑩莫：没有人。

 诗词讲解

当初我去从军的时候，杨柳依依随风摇曳。现在我解甲归故乡，大雪漫天飞舞飘落。道路泥泞慢慢行走，我又饥又渴真是劳累。我满心伤感满腔悲，这种哀痛谁能知道！

 诗出处简介

《诗经》又称《诗》、"诗三百"，是中国最早的诗歌总集，收录了自西周初年至春秋中叶五百多年间的三百零五篇诗歌。《诗经》中的诗当初都是配乐的歌词，按当初所配乐曲的性质，分成风、雅、颂三类。西汉时《诗》被尊为儒家经典，始称《诗经》并沿用至今，位列"五经"之首。

诗词赏析 ••••••••••••••••••••••••••••••••••

　　《采薇》是《诗经·小雅》中的一篇诗歌。诗中表现出从军将士的艰辛生活和思归的情怀。

　　"昔我往矣，杨柳依依。今我来思，雨雪霏霏。"这四句诗被后人誉为《诗经》中最好的句子之一。那一股缠绵的、深邃的、飘忽的情思，从风景画面中自然流出，含蓄隽永，令人回味无穷。这是写景记事，更是抒情伤怀。这几句诗里有着悲欣交集的故事，也仿佛是个人生命的寓言。是谁曾经在那个春光烂漫的春天里，在杨柳依依中送别征人？而当征人在大雪飘飞的天气经历九死一生返回的时候，还有谁在等他？别离时的春光，回归时的大雪，季节在变换，时光在流逝，我们离去，我们归来，而在来来去去里，我们失去了什么又得到了什么呢？没有答案，只有漫天的飞雪中一个被沉重的相思和焦虑烧灼的、又饥又渴的征人孤独的身影，步履蹒跚、战战兢兢地走向他的未来。

　　在艺术上，"昔我往矣，杨柳依依。今我来思，雨雪霏霏"，被称为《三百篇》中最佳诗句之一。其在古人诗话中就有"以乐景写哀，以哀景写乐，一倍增其哀乐"和"雅人深致，正在借景言情"的极高评价。

　　《小雅·采薇》的故事实际上很丰富，这一首诗里有着太丰富的色彩、太深沉的情怀。相思之情与报国之志，豪放与苍凉如此和谐地交织在一起，奏响的是真实的生命乐章。只是这里我们看到的是一个片段，不能领略全诗的意境。

扫码听故事，回答问题：

1. "不学诗，无以言"，这是谁对《诗经》的评价？

2. 汉武帝时，以《诗经》为"五经"之首。这里说的"五经"指的是哪五本书？

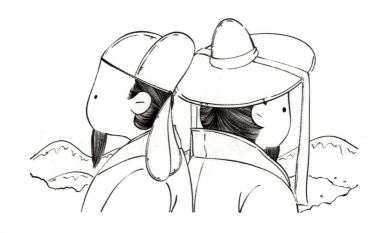

送元二①使安西②

[唐]王 维

渭_{wèi}城③朝 雨 浥_{yì}④轻 尘，

客 舍⑤青 青 柳 色⑥新。

劝 君 更 尽 一 杯 酒，

西 出 阳 关⑦无 故 人。

注释

①元二：作者的友人元常在兄弟中排行老二，故名"元二"。

②安西：指唐代安西都护府，在今新疆维吾尔自治区库车县附近。

③渭城：秦时咸阳城，汉代改称渭城，在今陕西咸阳东北，位于渭水北岸。

④浥：湿润，沾湿。

⑤客舍：旅店。

⑥柳色：即指初春嫩柳的颜色。

⑦阳关：古关名，故址在今甘肃敦煌西南。

 诗词讲解

清晨的细雨打湿了渭城的浮尘，青砖绿瓦的旅店和周围的柳树都显得格外清新明朗。朋友，请你再饮一杯离别的酒吧，因为你离开阳关之后，就见不到老朋友了。

 诗词赏析

《送元二使安西》一诗，语言朴实，形象生动，运用巧妙的艺术手法表达了浓郁深挚的感情，道出了人人共有的依依惜别之情，在唐代便被谱成歌曲演唱，成了当时很有名的送行之歌，被称为"阳关曲"。

诗的前两句写送别的时间、地点、环境，为送别创造了一个情境。清晨，渭城客舍，自东向西一直延伸、没有尽头的驿道，客舍周围、驿道两旁的柳树，这一切，都是很平常的景物，读来却风景如画，抒情气氛浓郁。"朝雨"在这里扮演了一个重要的角色。早晨下了一阵小雨，刚刚打湿泥土就停了。从长安西去的路上，平日里车水马龙、尘土飞扬，而诗人送别朋友的时候，雨过天晴，路显得洁净、清爽。"浥轻尘"的"浥"字是湿润的意思，在这里用得很有分寸，显出这雨湿了尘土却没有湿了小路，恰到好处，仿佛天从人愿，特意为远行的人安排一条轻尘不扬的道路。从清朗的天宇，到洁净的道路，从青青的客舍，到翠绿的杨柳，构成了一幅色调清新明朗的图景，为这场送别提供了典型的自然环境。这是一场深情的离别，但不是黯然销魂的离别。相反，它透露出一种轻快而富有希望的情调。"轻尘""青青""新"等词语，清新明快，加强了读者的这种感受。

绝句在篇幅上受到严格限制。这首诗，对如何设宴饯别、宴席上推杯换盏话离别、友人启程时如何依依不舍以及友人登程后诗人如何遥眺等，都没有写，只选取饯行宴席即将结束时主人的劝酒辞："再干了这一杯吧，出了阳关，可就再也见不到老朋友了。"诗人像高明的摄影师，摄下了最富表现力的镜头。宴席已经进行了很长一段时间，酿满别情的酒已经喝过多巡，告别的话已经重复过多次，朋友上路的时刻终于到来，主客双方的惜别之情在这一瞬间都到达了顶点。主人的这句脱口而出的劝酒辞就是此刻强烈、深挚的惜别之情的集中表现。

这首诗所描写的是一种最普通的离别。它没有特殊的背景，只有依依惜别之情，这就使它适合绝大多数离筵别席演唱。后来它被编入乐府，成为最流行、传唱最久的歌曲。

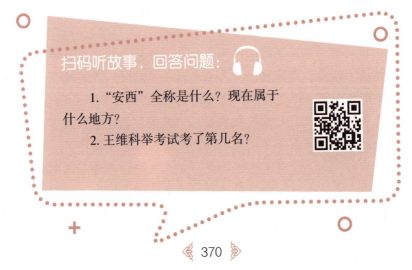

扫码听故事，回答问题：

1. "安西"全称是什么？现在属于什么地方？
2. 王维科举考试考了第几名？

春夜喜雨

[唐] 杜 甫

好雨知时节，当春乃发生①。

随风潜②入夜，润物③细无声。

野径④云俱黑，江船火独明。

晓看红湿处⑤，花重⑥锦官城⑦。

注释

①发生：使植物萌发、生长。

②潜：暗暗地，悄悄地。这里指春雨在夜里悄悄地随风而至。

③润物：使植物受到雨水的滋养。

④野径：田野间的小路。

⑤红湿处：被雨水打湿的花丛。

⑥花重：花因为饱含雨水而显得沉重。

⑦锦官城：成都的别称。成都曾经是主持织锦的官员的官署所在地，所以叫"锦官城"。

 诗词讲解 ••••••••••••••••••••••••••••••••

　　及时的雨好像知道时节，在春天植物萌发生长的时候，随着春风在夜里悄悄落下，无声地滋润着春天万物。雨夜中田间小路黑茫茫一片，只有江船上的灯火独自闪烁。天刚亮时那被雨水润湿的花丛娇美红艳，整个锦官城变成了繁花盛开的世界。

 诗词赏析 ••••••••••••••••••••••••••••••••

　　这是一首描绘春夜雨景，表现作者喜悦心情的名作。

　　诗一开头就用一个"好"字赞美"雨"。在生活里，"好"常常被用来赞美那些做好事的人。接下来，诗人就把雨拟人化，说它"知时节"，懂得满足客观需要。其中"知"字用得传神，简直把雨给写活了。春天是万物萌芽生长的季节，正需要下雨，雨就下起来了。

　　"随风潜入夜，润物细无声。"这用的也是拟人手法。"潜入夜"和"细无声"相配合，不仅表明那雨是伴随和风而来的细雨，而且表明那雨有意"润物"，无意讨"好"，才选择了一个不妨碍人们工作和劳动的时间悄悄地来，在人们酣睡的夜晚无声地、细细地下。颔联写雨的"发生"，进一步表现了雨的"好"。

雨这样"好"，自然要下多、下够，下个通宵，倘若只下一会儿就云散天晴，那"润物"就不是很彻底。诗人抓住这一点，写了颈联："野径云俱黑，江船火独明。"只有船上的灯火是明亮的，此外，连江面也看不见，小路也辨不清，天空中全是黑沉沉的云，地上也像云一样黑。看起来这雨准会下到天亮。这两句写出了雨夜的美丽景象，"黑"与"明"相互映衬，不仅点明了云厚雨足，而且给人以强烈的美感。

尾联是诗人想象中的情景，紧扣题中的"喜"字写想象中的雨后之晨锦官城的迷人景象。如此"好雨"下上一夜，万物就都得到润泽，萌发生长起来了。诗人说：等到明天清早去看看吧，整个成都杂花生树，一片"红湿"，一朵朵花红艳艳、沉甸甸，汇成花的海洋。"红湿""花重"等字词的运用，充分说明诗人体物细腻。

这首《春夜喜雨》，不仅切夜、切春，而且写出了典型"好雨"的高尚品格，表现了诗人的一切好的高尚品格。

扫码听故事，回答问题：

1. 成都的"浣花草堂"是杜甫在哪个好朋友的帮助下建成的？
2. 杜甫一共有多少首诗歌保留下来？

早春呈^①水部张十八员外^②

[唐] 韩 愈

天街^③小雨润如酥^④，

草色遥看近却无。

最是^⑤一年春好处^⑥，

绝胜^⑦烟柳满皇都。

注释

①呈：恭敬地送上。

②水部张十八员外：指唐代诗人张籍，他在同族兄弟中排行第十八，曾任水部员外郎。

③天街：京城街道。

④润如酥：细腻如酥。酥，酥油。这里形容春雨滋润细腻。

⑤最是：正是。

⑥处：时。

⑦绝胜：远远胜过。

 诗词讲解

京城大道上空细雨纷纷，它像酥油般细密而滋润，远望草色依稀连成一片，近看时却显得稀疏零星。这是一年中最美的季节，远胜过绿柳满城的春末。

 诗人简介

韩愈（768—824），唐文学家、哲学家。字退之，河南河阳（今河南孟州南）人，自渭郡望昌黎，世称韩昌黎。韩愈晚年任吏部侍郎，又称韩吏部。谥号"文"，又称韩文公。

韩愈是唐代古文运动的倡导者，主张学习先秦两汉的散文语言，破骈为散，扩大文言文的表达功能。宋代苏轼称韩愈是"文起八代之衰"，明朝人推韩愈为"唐宋八大家"之首。韩愈与柳宗元并称"韩柳"，有"文章巨公"和"百代文宗"之名，著有《韩昌黎集》四十卷、《外集》十卷、《师说》等。他的作品都收录在《昌黎先生集》里。

诗词赏析 ••••••••••••••••••••••••••••••••

　　这首诗是写给水部员外郎张籍的一首描写和赞美早春美景的七言绝句。全诗风格清新自然，非常口语化。诗人运用简朴的文字，就常见的"小雨"和"草色"，描绘出了早春的独特景色，看似平淡，实则绝不平淡。

　　首句点出初春小雨，以"润如酥"来形容它的细滑润泽，准确地捕捉到了它的特点。其造句清新优美，与杜甫的"好雨知时节，当春乃发生。随风潜入夜，润物细无声"有异曲同工之妙。

　　第二句紧承首句，写草沾雨后的景色。此句以远看似有，近看却无，描画出了初春小草沾雨后的朦胧景象，写出了春草刚刚发芽时，若有若无、稀疏、矮小的特点。这一句是全篇中的点睛之笔。诗人像一位高明的水墨画家，挥洒着他的妙笔，画上隐隐泛出的那一抹青青之痕，便是早春的草色。这句"草色遥看近却无"，真可谓兼摄远近，空处传神。

　　接下来的第三、第四句是对初春景色大加赞美："最是一年春好处，绝胜烟柳满皇都。"这两句意思是说：早春的小雨和草色是一年春光中最美的东西，远远超过了烟柳满城的衰落的晚春景色。写春景的诗，在唐诗中多取明媚的晚春，这首诗却取早春咏叹，认为早春比晚春景色优胜，别出心裁。诗的前两句体察景物之精细已经令人称赞，后两句如骑兵骤至更在人意料之外。在最后，诗人还来个对比："绝胜烟柳满皇都。"诗人认为初春草色比那满城处处烟柳的景色不知要胜过多少倍。

　　这首诗刻画细腻，造句优美，构思新颖，给人一种早春时节湿润、舒适和清新的美感，既咏早春，又能摄早春之魂，

给人以无穷的美感和趣味，甚至超越绘画。诗人没有彩笔，但他用诗的语言描绘出画笔难以描摹的色彩——一种淡雅的、似有若无的色彩。如果没有深入细致的观察和高超的诗笔，诗人便不可能把早春的自然美提炼为艺术美，表达对春天的热爱和赞美之情。

扫码听故事，回答问题：

　　1.韩愈写《早春呈水部张十八员外》这首诗时已经多少岁？
　　2.韩愈曾经特别写过《讳辩》一文，为一位才子打抱不平。这位才子是谁？

江上渔者

[宋] 范仲淹

江上往来人，

但^①爱鲈鱼美。

君^②看一叶舟^③，

出没^④风波^⑤里。

注释

①但：只。

②君：你。

③一叶舟：像漂浮在水上的一片树叶似的小船。

④出没：若隐若现。指一会儿看得见，一会儿看不见。

⑤风波：波浪。

 **诗词讲解**

江上来来往往的人只知道鲈鱼鲜美的味道。你看看那些可怜的打鱼人吧，他们正驾着小船在大风大浪里上下颠簸，漂摇不定。

 诗人简介

范仲淹（989—1052），北宋政治家、文学家。字希文，苏州吴县（今江苏苏州）人，死后谥号"文正"，史称范文正公。

范仲淹政绩卓著，文学成就突出。他倡导的"先天下之忧而忧，后天下之乐而乐"思想和仁人志士节操，对后世影响深远，有《范文正公文集》传世。

 诗词赏析

这首诗形象生动，全诗仅二十个字，但言近而旨远，词浅而意深，可以引发丰富的联想。首句写江岸上人来人往，十分热闹。次句写岸上人的心态，揭示"往来"的原因。后二句指出风浪中忽隐忽现的捕鱼小船。诗人通过这首诗表达作者对渔民工作辛苦艰险的同情。

第一句江岸上人来人往，熙熙攘攘，十分热闹，自然引出第二句，原来人们往来江上的目的是"但爱鲈鱼美"。"但爱"，即只爱。鲈鱼体扁狭，头大鳞细，味道鲜美，人们拥到江上，是为了先得为快。但是无人知道鲈鱼捕捉不易，无人体察过捕鱼者的艰辛。世人只爱鲈鱼的鲜美，却不怜惜打鱼人的辛苦。

于是作者在第三、第四句，勾画了一幅生动的图画来反映江上渔民的辛劳。一叶扁舟，出没在风波里，诗人却没有明说渔民为什么要冒这么大的风险捕鱼，而读者已经能够体会到作者的弦外之音了。这就是：渔民们完全是为生活所迫，鲈鱼之美是靠渔民之苦换来的，这种言尽意不尽的手法，使诗歌含蓄隽永，耐人回味。

这首诗以质朴的语言，写出了诗人对那些驾着一叶扁舟出没于滔滔风浪中的渔民的关切与同情之心，也表达了诗人对"但只爱鲈鱼美"的江上人的规劝之意。在江上和舟中两种环境、"来往"和"出没"两种动态、吃鱼人和捕鱼人两种生活的强烈对比中，显示出了诗人的意旨所在，表露了诗人对冒着生命危险出没在风波中的捕鱼人的同情和关怀。

扫码听故事，回答问题：

1. 范仲淹两岁丧父，母亲带着他改嫁，那时他的名字叫什么？

2. 范仲淹在《岳阳楼记》中有一句名言已成为千古佳句，你知道是哪句名言吗？

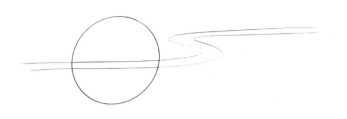

泊船瓜洲①

[宋] 王安石

京口②瓜洲一水③间，

钟山④只隔数重山。

春风又绿江南岸，

明月何时照我还。

注释

①瓜洲：镇名，位于长江北岸，在今江苏扬州一带。

②京口：在今江苏镇江，位于长江南岸。

③一水：一条河。古人除将黄河特称为"河"、长江特称为"江"外，大多数情况下称河流为"水"，如汝水、汉水、浙水、湘水、澧水等。这里的"一水"指长江。

④钟山：今江苏省南京市紫金山。

 诗词讲解 ●●●●●●●●●●●●●●●●●●●●●

京口和瓜洲之间不过隔着一条长江，从京口到钟山也只隔着几座山。温暖的春风又吹绿了大江南岸，可是，天上的明月，你什么时候才能照着我回到家乡呢？

诗词赏析 ●●●●●●●●●●●●●●●●●●●●●

《泊船瓜洲》是北宋诗人王安石创作的一首七言绝句。其中"春风又绿江南岸，明月何时照我还"是千百年来一直为人所传颂的名句。这首小诗抒发了诗人眺望江南、思念家乡的情感，从字面上流露出诗人对故乡的怀念之情以及急切想和亲人团聚的愿望。其实，在字里行间也蕴含着诗人重返政治舞台、推行新政的强烈欲望。

"京口瓜洲一水间"，写京口和瓜洲之间距离非常短，中间仅仅隔着一条江。"一水间"形容船行得非常快，流露出作者轻松、愉悦的心情。

"钟山只隔数重山",写诗人依依不舍地回望居住地钟山。"只隔"二字说明诗人联想到自己离着钟山也就只有几座山了,反映了诗人对钟山的依恋及归心似箭的心情。

"春风又绿江南岸"描绘了长江南岸美丽的春色。诗中"绿"字用得非常妙,是诗人精心筛选的。它将无形的春风化为鲜明的形象,极其传神。传说王安石为用好这个字改动了十多次,从"到""过""入""满"等多个动词中最后选定了"绿"字。这个"绿"字最能表现春天到来后长江两岸一片新绿的景物变化,是最微妙、最含蓄的。

结句"明月何时照我还"诗人把对乡愁的抒写发挥到了极致。诗人用疑问的句式结尾,进一步表现诗人对故乡的思念。全诗不仅借景抒情,寓情于景,而且在叙事上也富有情致,境界开阔,格调清新。

扫码听故事,回答问题:

1.你知道"春风又绿江南岸"一句中"绿"字的由来吗?

2.你还知道王安石的哪些趣事呢,能讲给同学听听吗?

游园不值[1]

［宋］叶绍翁

应[2]怜[3]屐(jī)齿[4]印苍苔[5]，

小扣[6]柴扉(fēi)[7]久不开。

春色满园关不住，

一枝红杏出墙来。

注释

①不值：没有遇到人。值，遇到。

②应：大概，表示猜测。

③怜：怜惜。

④屐齿：指木屐底下突出的部分。屐，木鞋。

⑤印苍苔：在青苔上留下印迹。

⑥小扣：轻轻地敲。

⑦柴扉：用木柴、树枝编成的门。

 诗词讲解 ••••••••••••••••••••••

　　大概是院子的主人爱惜青苔，担心我的木底鞋踩坏他的青苔吧，我轻轻地敲柴门，好久也没有人来开。可是这满园的春色毕竟是关不住的，你看，那儿开得正旺的红杏有一枝伸出墙头来了。

 诗词赏析 ••••••••••••••••••••••

　　这首小诗写的是诗人春日游园的所见所感，十分形象而又富有情趣，流露出诗人对春天的喜爱之情。这首诗还蕴含着丰富的哲理：一切美好、充满生命的新鲜事物，必须按照客观规律发展，任何外力都无法阻挡。

　　"应怜屐齿印苍苔，小扣柴扉久不开"，写春天诗人出门游园，而园门紧紧关闭，诗人无法欣赏到园子里的风光。诗人用一种幽默的风格将此事表达出来，写得非常风趣，说大概是院子的主人爱惜青苔，担心诗人的木底鞋踩坏青苔，所以"柴扉"久久扣不开，从而引发后面新奇的想象。

诗人正在花园外面徘徊、无可奈何、准备离开时，忽然抬头，看见一枝盛开的红杏花从墙头探出来——"春色满园关不住，一枝红杏出墙来"。这句诗写出的不仅是园内关不住的美丽春色，还有春天的勃勃生机、春意盎然。尽管诗人没有访到园主人，没能进入园内，但诗人的心灵已经被这动人的早春景色深深打动了。诗人从一枝盛开的红杏花，领略到满园热闹的春色，感受到绚丽多彩的春光，总算是不虚此行。

后面这两句诗一直流传至今，堪称千古名句。在这里诗人运用拟人的修辞手法，把"春色""红杏"比作人，引起读者产生许多联想。同时，这首诗蕴含着丰富的哲理："春色"是关不住的，"红杏"必然要"出墙来"宣告春天的来临。新生的美好事物也是封锁不住的，它会冲破一切阻碍，从而不断向前发展。

扫码听故事，回答问题：

1. 叶绍翁本不姓叶，原来姓什么？
2. 在中国传统文化中，杏花是哪个月的花神？

卜算子①·送鲍浩然之浙东②

[宋] 王 观

水是眼波横③，山是眉峰聚④。

欲问行人去那边？眉眼盈盈处⑤。

才始⑥送春归，又送君归去。

若到江南赶上春，千万和春住。

注释

①卜算子：词牌名。

②送鲍浩然之浙东：词题。鲍浩然，生平不详，词人的朋友，家住浙东。之，往，去。

③水是眼波横：水像美人流动的眼波。古人常以秋水喻美人之眼，这里反用。

④山是眉峰聚：山如美人蹙起的眉毛。

⑤眉眼盈盈处：山水交汇的地方。盈盈，仪态美好的样子。

⑥才始：方才。

 ## 诗词讲解

碧绿的江水像美人的眼波一样明亮，重叠的山峦像美人微微蹙起的眉毛。请问朋友你要去哪里？到山水交汇风景很美的地方。

刚刚把春天送走，现在又要送你回去。如果你到江南还能赶上春天，千万要把春天迷人的景色留住。

诗人简介

王观（1035—1100），北宋词人。字通叟，生于如皋（今江苏如皋），与高邮的秦观并称"二观"。

王安石为开封府试官时，他科举及第。宋仁宗嘉祐二年（1057），王观考中进士，后来担任大理寺丞、江都知县等职务。在任时，他写了《扬州赋》，宋神宗阅后大喜，对他大加赞赏；

后来又撰写了《扬州芍药谱》一卷，被重用为翰林学士。王灼说他的词"新丽处和轻狂处皆是惊人"。他的作品时有奇想，代表作有《卜算子·送鲍浩然之浙东》《临江仙》《高阳台》等。

 诗词赏析 ••••••••••••••••••••••••••••

　　这是一首送别词，主要表达了词人心中对朋友的不舍与留恋以及对他的生活的祝福。此诗新巧的构思和轻快的笔调，在送别之作中可谓别具一格。

　　词的上片写友人回浙东的行程。"水是眼波横，山是眉峰聚。"这两句匠心独运，不仅在于推陈出新、心思奇绝，而且借景抒情，引人遐想。词人把水比作闪亮的眼睛，把山喻为青翠的蛾眉，巧妙形象地描绘出眼前这诗情画意的山水美景。其中，水是眼波，即眼中的泪水如波，横在眼里没有流出来，说明词人极力克制自己的感情，不愿让友人因为自己的低落而增添伤感，做到含而不露。

　　"欲问行人去那边？眉眼盈盈处"用问句提起友人行踪，写出朋友此行的目的地是"眉眼盈盈处"。此二句表达了作者对朋友的无限眷恋和对朋友归途的深切挂念。

　　"才始送春归，又送君归去"，词人刚刚把春天送走，心中还满怀着伤春之愁，现在又要送友人回去，又添了离愁之苦。"若到江南赶上春，千万和春住。"诗人叮嘱友人如果你到江南还能赶上春天，千万要把春天迷人的景色留住，惜春之情溢于言表。

　　整首词构思别致，词人把送春与送别交织在一起，表达了对友人的深情和对春天的留恋；同时运用比喻的修辞手法，把眼波和眉峰比喻成浙东的山山水水，贴切、自然，富有真情实感。这首词，轻松活泼，比喻巧妙，耐人寻味。

扫码听故事，回答问题：

　　1. 北宋词坛"二观"指的是哪两个人？

　　2. 王观"成于写作，也败于写作"，这是因为什么？

浣溪沙①

[宋] 苏 轼

游蕲水②清泉寺，寺临兰溪，溪水西流。

山下兰芽短浸溪③，松间沙路净无泥。

萧萧④暮雨子规⑤啼。

谁道人生无再少⑥？门前流水尚能西！

休将白发唱黄鸡⑦。

注释

①浣溪沙：词牌名。

②蕲水：县名，在今湖北浠水一带。

③短浸溪：指初生的兰芽浸在溪水中。

④萧萧：这里形容雨声。

⑤子规：又叫杜宇、杜鹃、催归。它总是朝着北方鸣叫，六七月鸣叫声更响，昼夜不止，发出的声音极其哀切，犹如盼子回归，所以叫杜鹃啼归。

⑥无再少：不能再回到少年时代。

⑦休将白发唱黄鸡：不要因老去而悲叹。唱黄鸡，语出白居易"黄鸡催晓丑时鸣"，比喻时光流逝。

 诗词讲解 •

　　山脚下溪边的兰草新抽的幼芽浸在溪水之中，松林间的沙石小路被雨水冲洗得洁净无泥，傍晚时分，松林间的杜鹃鸟在潇潇细雨中啼叫。

　　谁说人生就不能再回到少年时光呢？你看，门前的溪水尚能向西边流淌！不要因老去而悲叹！

　　诗词赏析 •

　　这首词描写雨中南方初春的景色，它蕴含着人生哲理，体现了词人虽处困境而自强不息的精神，洋溢着积极向上的人生态度。

　　上阕写早春时节，词人游览清泉寺时所看见的幽雅风光，景色自然秀丽，雅淡清新。好一片幽美宁静的山林景致，唤起了词人对大自然的喜爱之情。

　　下阕词人就眼前"溪水西流"的景色发出感慨及对人生

的体会，从而引出人生所蕴含的哲理，启人心智。常言道："花有重开日，人无再少年"，岁月的流逝，正如同东去的流水一般，人的青春年华也只有一次，是无法挽留的，这是不可抗拒的自然规律。词人此时面对着眼前西流的兰溪水感慨：人生总有意外，既然溪水可以西流，人为什么不可以重新拥有青春年华呢？又何必老大徒伤悲呢？词人发出令人振奋的议论："谁道人生无再少？门前流水尚能西！"此句体现了词人乐观的心态、自强不息的精神。的确，人并不能改变这个世界，但可以改变对这个世界的态度和看法。

这首词中"白发""黄鸡"表示世事匆促，时光易逝。整首词洋溢着一种积极向上的态度，流露出词人对青春活力的召唤，对生活、未来的向往和追求，读起来令人奋发向上。

扫码听故事，回答问题：

1.苏轼在黄州认识了哪位名医？

2.苏轼被贬到黄州担任团练副使。你们知道团练副使是个什么职位吗？

清平乐

[宋] 黄庭坚

春归何处？寂寞无行路①。

若有人知春去处，唤取②归来同住。

春无踪迹谁知③？除非问取④黄鹂。

百啭⑤无人能解⑥，因风⑦飞过蔷薇。

注释

①无行路：没有留下春去的行踪。行路，指春天来去的踪迹。

②唤取：换来。

③谁知：有谁知道。

④问取：呼唤，询问。取，语助词。

⑤啭：鸟婉转地鸣叫。

⑥解：懂得，理解。

⑦因风：借着风势。因，凭借。

 ## 诗词讲解

春天回到了哪里？我到处找不到它来去的踪迹。如果有人知道春天的消息，请叫它回来仍然同我们住在一起。

春天走得无影无踪，无人知道。要想知道，只有问一问黄鹂鸟。可是那黄鹂的叫声非常婉转，又有谁能理解它的意思呢？看吧，黄鹂随着一阵轻风，飞到盛开的蔷薇那边去了。

诗人简介

黄庭坚（1045—1105），北宋诗人、书法家。字鲁直，号山谷道人，晚号涪翁，洪州分宁（今江西修水）人。为盛极一时的江西诗派诗人，与杜甫、陈师道和陈与义素有"一祖三宗"（杜甫为"一祖"）之称。他与张耒、晁补之、秦观都游学于苏轼门下，合称为"苏门四学士"。黄庭坚生前与苏轼齐名，世称"苏黄"，著有《山谷词》。

 **诗词赏析** ●●●●●●●●●●●●●●●●●●●●●●●●●●●●

　　这是一首感叹时光去而不复返的惜春词，词中以清新细腻的语言，表现了词人对美好春光的珍惜与热爱，抒写了词人对美好事物的向往和追求。

　　上阕开头两句"春归何处？寂寞无行路。"春天回到哪里去了，为什么连个踪影也没有？作者将春天拟人化，用疑问语气，表达出春天的可爱和春去的可惜，给读者以强烈的感染力。

　　"若有人知春去处，唤取归来同住。"这两句表达词人对春天的关怀：如果有人知道春天的消息，请叫它回来仍然同我们住在一起。作者用浪漫的笔法写出了对春天的深深依恋。

　　下阕写词人明白春天是不可能被唤回来的，但仍存一线希望，希望黄鹂知道春天的踪迹。因为黄鹂是在春去夏来时出现，所以词人猜想它可能知道春天的消息。"春无踪迹谁知？除非问取黄鹂。百啭无人能解，因风飞过蔷薇。"然而，嘤嘤鸟语，没有人能听得懂，你看仅仅刮起一阵轻风，黄鹂鸟便随风飞到蔷薇花那边去了，作者寻找春天的最后一线希望也破灭了，所以心头的寂寞感更重了。而蔷薇花的盛开，说明夏天已经来到，春天确实回不来了。

　　这首词构思精妙，为表现惜春、恋春情怀的佳作，全词深沉含蓄，情趣盎然。

扫码听故事，回答问题：

1. 黄庭坚的诗词、书法分别与谁齐名？
2. "六经"是指哪六本经书？